"一带一路"读本

中国现代国际关系研究院·著

时事出版社
北京

前言

共建丝绸之路经济带和21世纪海上丝绸之路（"一带一路"）是党中央、国务院统筹国内国际两个大局做出的重大决策，对开创中国全方位对外开放新格局、促进地区及世界和平发展具有重大意义。2013年，习近平主席提出"一带一路"构想，得到沿线国家积极响应。"一带一路"以"五通"即政策沟通、设施联通、贸易畅通、资金融通、民心相通为主要内容，与沿线各国共同打造政治互信、经济融合、文化包容的利益共同体、责任共同体和命运共同体。推进"一带一路"建设将造福沿线国家人民，促进人类文明进步事业。

中国现代国际关系研究院是国内最早开展"一带一路"研究的智库之一。"一带一路"倡议提出以来，我院不断从多层次、多方面、全视野对"一带一路"进行系统研究。《"一带一路"读本》即是我院专家、学者阶段性研究成果的一个缩影。为阅读、查找方便，本书采用问答形式，通过构想、政策、现状、项目、研究五个篇章，共计78个问答，将"一带一路"的基本构想、运作模式、进展情况、前景挑战等做全景式呈现，供各级党政机关、企事业单位领导、从业者和相关研究人员参考。

中国现代国际关系研究院

目 录
CONTENTS

构 想 篇

1. 什么是"一带一路"? ………………………………… (3)
2. "一带一路"的基本内涵是什么? ………………… (4)
3. "一带一路"包括哪些国家? ……………………… (6)
4. "一带一路"为何要面向这些国家? ……………… (7)
5. "一带一路"与中国总体发展战略有何契合? ……… (8)
6. "一带一路"有何新意? …………………………… (10)
7. 实施"一带一路"对世界经济格局将有何影响? ………………………………………………… (11)
8. 实施"一带一路"将给中国带来哪些机遇? ……… (14)
9. "一带一路"的总体目标是什么? ………………… (16)
10. "一带一路"的共建原则是什么? ………………… (17)
11. "一带一路"的合作机制是什么? ………………… (18)
12. 国际舆论对"一带一路"怎么看? ………………… (19)
13. "一带一路"提出的时代背景是什么? …………… (20)
14. "一带一路"的五大重点方向是什么? …………… (22)
15. "一带一路"中如何推进软实力建设? …………… (22)

政 策 篇

1. "一带一路"中的互联互通包括哪些领域？………（27）
2. 为什么实施"一带一路"要强调贸易便利化？……（28）
3. 能源通道合作对中国有何重大意义？……………（29）
4. 基础设施建设为何是"一带一路"重要抓手？……（30）
5. 中国自由贸易区建设与"一带一路"如何
   对接？…………………………………………………（31）
6. 怎样利用"一带一路"建设推动人民币
   国际化？………………………………………………（32）
7. 中国企业如何借"一带一路"建设走出去？………（34）
8. 实施"一带一路"的建设资金从哪里来？…………（35）
9. 怎样结合"一带一路"实施新时期的
   对外援助？……………………………………………（37）
10. 新型银行在"一带一路"建设中如何运作？………（38）
11. 为什么要设立丝路基金？……………………………（40）
12. 什么是基础设施建设的 PPP 模式？………………（41）
13. 如何在"一带一路"建设中因地制宜搞金融
    创新？…………………………………………………（43）
14. 怎样结合"一带一路"建设做好国内产业
    转移？…………………………………………………（45）
15. 国内各省区对外互联互通合作重点有哪些？……（46）

现 状 篇

1. "一带一路"沿线国家发展形势如何? ………… (51)
2. 沿线国家对与中国经贸合作有何期待? ………… (52)
3. 当前推进"一带一路"过程中面临哪些风险? …… (53)
4. 中国为推动"一带一路"需加强哪些领域? ……… (55)
5. 当前互联互通已取得哪些早期收获? …………… (57)
6. 中国—中亚现有合作机制如何与"一带一路"对接? …………………………………………………… (59)
7. "一带一路"下中阿经贸合作有何规划? ………… (60)
8. "一带一路"下中俄经贸合作前景如何? ………… (62)
9. "一带一路"下中国与南亚合作如何加强? ……… (64)
10. "一带一路"下中国与东盟关系如何升级? ……… (65)
11. "一带一路"下中国与中东欧合作如何推进? …… (66)
12. "一带一路"下中国与西欧合作重点领域有哪些? …………………………………………………… (68)
13. "一带一路"下中国与非洲合作如何升级? ……… (70)
14. "一带一路"与中国国内发展规划如何对接? …… (71)
15. "一带一路"较美"新丝绸之路"有何竞争优势? …………………………………………………… (73)
16. "一带一路"与俄罗斯主导的欧亚经济联盟竞合关系怎样? ………………………………………… (74)

3

项目篇

1. 21世纪海上丝绸之路有哪些战略支点？……………（79）
2. 中蒙俄经济走廊的建设前景如何？………………（80）
3. 新亚欧大陆桥建设进展如何？……………………（82）
4. 中国—中亚—西亚经济走廊的建设前景如何？……（84）
5. 什么是中国—中南半岛经济走廊？………………（85）
6. 中巴经济走廊进展如何？…………………………（87）
7. 什么是孟中印缅经济走廊？………………………（89）
8. 什么是中欧陆海快线？……………………………（91）
9. 泛亚铁路网建设进展如何？………………………（93）
10. 中国海上能源通道建设进展如何？………………（94）
11. 中国陆上能源通道如何规划？……………………（96）
12. 中国港口体系如何对接内陆与海外市场？………（97）
13. 当前国内获批各自贸区有何对外功能？…………（99）
14. 中国已建成哪几条国际国内贸易通道？…………（101）
15. 当前国内为"一带一路"进行的配套建设进展如何？………………………………………（103）

研究篇

1. 建设21世纪海上丝绸之路的战略意义何在？……（107）
2. 建设21世纪海上丝绸之路面临哪些风险与

4

挑战？ …………………………………………………（109）
3. 建设21世纪海上丝绸之路需要把握什么
   原则？ ………………………………………………（112）
4. 丝绸之路经济带面临的国际风险与对策？ ………（114）
5. 从"一带一路"倡议看中国—东盟关系前景 ……（118）
6. 中巴经济走廊的地缘经济意义 …………………（132）
7. 中亚古丝路上的驿站之国——乌兹别克斯坦 …（149）
8. 阿富汗：丝绸之路上的重要枢纽…………………（161）
9. 如何看待亚投行的影响？ ………………………（168）
10. 审视亚投行的三个"坐标" ………………………（173）
11. 亚投行与亚行等多边开发银行的竞合关系………（180）
12. 美日旁观亚投行折射其对世界的认知……………（185）
13. 欧洲加入亚投行的原因和影响探析………………（191）
14. 做实亚投行应先解决的三个问题…………………（196）
15. 亚投行筹建的背景如何？ ………………………（202）
16. 亚投行筹建历程如何？ …………………………（205）
17. 亚投行的基本治理规则及筹建现状如何？ ……（209）

后记 ……………………………………………………（214）

构想篇

1 什么是"一带一路"?

"一带一路"是指"丝绸之路经济带"和"21世纪海上丝绸之路"。"一带一路"是党中央、国务院根据全球形势深刻变化,统筹国内国际两个大局做出的重大战略决策,对开创中国全方位开放新格局、促进地区及世界和平发展具有重大意义。

2013年9月7日,国家主席习近平在哈萨克斯坦纳扎尔巴耶夫大学发表题为《弘扬人民友谊共创美好未来》的重要演讲时提出,为了使欧亚各国经济联系更加紧密、相互合作更加深入、发展空间更加广阔,我们可以用创新的合作模式,共同建设"丝绸之路经济带",以点带面,从线到片,逐步形成区域大合作。

2013年10月3日,国家主席习近平在印度尼西亚国会发表题为《携手建设中国—东盟命运共同体》的重要演讲时表示,东南亚地区自古以来就是"海上丝绸之路"的重要枢纽,中国愿同东盟国家加强海上合作,使用好中国政府设立的中国—东盟海上合作基金,发展好海洋合作伙伴关系,共同建设21世纪"海上丝绸之路"。

2013年11月,党的十八届三中全会审议通过的《中共中央关于全面深化改革若干重大问题的决定》明确提出,推进丝绸之路经济带、海上丝绸之路建设,形成全方位开放新格局。

2013年12月，习近平总书记在中央经济工作会议上指出，推进丝绸之路经济带建设，抓紧制定战略规划，加强基础设施互联互通建设；建设21世纪海上丝绸之路，加强海上通道互联互通建设，拉紧相互利益纽带。

2014年3月，李克强总理在《政府工作报告》中介绍2014年重点工作时指出，将"抓紧规划建设丝绸之路经济带、21世纪海上丝绸之路"。在2015年3月的《政府工作报告》中，李克强再次强调了这一重点工作。

2 "一带一路"的基本内涵是什么？

第一，开放。这是古丝绸之路的基本精神，也是新时期"一带一路"的核心理念。中国提出"一带一路"倡议，是进一步释放内陆开放潜力、构建高水平开放型经济体制以及形成全方位开放新格局的战略需要。"一带一路"建设应对世界上所有国家或经济体、国际组织、区域合作机制和民间机构开放，不能搞封闭的小圈子，更不能有排他性。尤其要求各参与方努力提高投资与贸易便利化水平，在相互开放中培育可持续增长的市场。

第二，包容。这是区别于其他合作组织或机制的典型特征。一方面，它意味着"一带一路"参与方的多元化，即不针对第三方，不搞封闭性集团，凡是愿意参与的国家或地区皆可成为参与者、建设者和受益者；另一方面是合作方式的多样化，"一带一路"没有严格统一的参与规则，各方围绕扩大经贸合作、促进共同发展的需要，可采取双边或多边、本区域或跨区域、金融或贸易等多样化、多领域、多层次的合作方式。在具体项目建设中，"一带一路"可广泛吸纳沿线各国当地企业、西方国家企业以及相关国际机构合作开发，构建多方利益共同体。"一带一路"的包容性决定了其具有兼容并蓄的优势，不仅不会挑战现有区域合作机制，反而能与现有各类机制实现良好对接。

第三，互利。这是推进"一带一路"建设的根本动力。在全球化时代，任何一项区域合作构想，只有真正实现互利共赢才能具有持久活力和广阔前景，互利性是一切合作得以实现和延续的动力。因此，推进"一带一路"建设，要求包括中国在内的各参与方不搞零和博弈，不搞利益攫取、殖民扩张，更不能打着开放和自由贸易的幌子，搞以邻为壑的重商主义、产品倾销。要立足于各参与方优势互补，实现利益共享、共同发展。

第四，共赢。这是保障"一带一路"可持续发展的基础。从历史上看，古丝绸之路虽由汉朝政府打通并拓展，却以民间商旅互通有无为主，并不是由某一国政府主导。因此，古丝绸之路精神本身蕴含共同营建、共同受益的内涵特征。新时期"一带一路"是对古丝绸之路精神的传承和发扬，其虽由中国倡议并积极推进，但实质上是惠及各参与方的共商、共营、共建、共享项目，不是援助计划，更不是中国版"马歇尔计划"。无论是政策沟通、设施联通、贸易畅通、资金融通与民心相通等互联互通的具体机制化安排，还是实现方式、合作内容、阶段目标等，都需要各方共同商议、共同参与、共同营建、共同受益，使之成为利益共同体、责任共同体和命运共同体。

3 "一带一路"包括哪些国家？

除中国以外，"一带一路"共包括68个国家。具体为：蒙古国、俄罗斯、中亚5国（哈萨克斯坦、吉尔吉斯斯坦、塔吉克斯坦、乌兹别克斯坦、土库曼斯坦）、东南亚11国（越南、老挝、柬埔寨、泰国、马来西亚、新加坡、印度尼西亚、文莱、菲律宾、缅甸、东帝汶）、南亚8国（印度、巴基斯坦、孟加拉国、阿富汗、尼泊尔、不丹、斯里兰卡、马尔代夫）、中东欧及南欧18国（希腊、塞浦路斯、波兰、捷克、斯洛伐克、匈牙利、斯洛文尼亚、克罗地亚、罗马尼亚、保加利亚、塞尔维亚、黑山、马其顿、波黑、阿尔巴尼亚、爱沙尼亚、立陶宛、拉脱维亚）、独联体其他6国（乌克兰、白俄罗斯、摩尔多瓦、格鲁吉亚、阿塞拜疆、亚美尼亚）和西亚北非16国（土耳其、伊朗、叙利亚、伊拉克、阿联酋、沙特阿拉伯、卡塔尔、巴林、科威特、黎巴嫩、阿曼、也门、约旦、以色列、巴勒斯坦、埃及）。此外，习近平主席2014年11月访问南太平洋国家时提出，"南太平洋地区是中方提出的21世纪海上丝绸之路的自然延伸"，对澳大利亚、新西兰等参与21世纪海上丝绸之路建设持开放态度，澳大利亚、新西兰已表示有兴趣加入，因此"一带一路"也包括这两个国家。随着"一带一路"的推进，估计还会有一些国家争取加入其中。

4 "一带一路"为何要面向这些国家？

"一带一路"借用古丝绸之路的历史符号，以和平发展、合作共赢为时代主题，积极主动地发展与沿线国家的经济合作伙伴关系，共同打造政治互信、经济融合、文化包容的利益共同体、责任共同体和命运共同体。

从历史上看，古丝绸之路作为东西方商贸往来和文明交流的大通道，对推动人类文明进步产生了深远影响。2000多年前，西汉张骞两次出使西域，开通道路（司马迁谓之"凿空"西域），形成了横贯欧亚大陆的交通大动脉。明代郑和七下西洋，繁荣了海上和平互利之路。千百年来，丝绸之路承载的和平合作、开放包容、互学互鉴、互利共赢精神薪火相传，是促进沿线各国繁荣发展的重要纽带，其影响一直延续至今。

从现实来看，欧亚大陆是全球面积最大、人口最多、经济活动集中的区域，一头是活跃的东亚经济圈，一头是发达的欧洲经济圈，中间的广大腹地国家资源丰富但经济发展相对滞后，与中国经贸合作起步虽晚但潜力巨大，是中国拓展全方位开放新格局的重点方向和开拓新兴市场的重要目标。东南亚扼守两大洋、连接三大洲，是中国走出去的必经之地和对外贸易的重要通道。

"一带一路"具有广泛的亲和力和感召力，有着较为深厚的民心基础。沿线国家之间在产业结构上具有较强的互补性，投资、贸易合作的潜力和空间巨大。中国经济快速发展，为沿线国家分享经验、共同发展提供了机遇。中国与沿线各国政治关系总体良好，互信水平不断提升，进一步扩大合作有着良好基础。

5 "一带一路"与中国总体发展战略有何契合？

当前，中国全方位对外开放进入关键期。过去30多年的发展实践证明，对外开放始终是中国经济持续快速发展的主要动力之一。中国正处于从吸引外国直接投资转向扩大对外直接投资的窗口期，进入引进来与走出去并重的阶段，这标志着中国将在更大范围、更宽领域、更深层次上融入全球经济体系。

2013年11月召开的党的十八届三中全会提出，适应经济全球化新形势，必须推动对内对外开放相互促进、引进来和走出去更好结合，促进国际国内要素有序自由流动、资源高效配置、市场深度融合，加快培育参与和引领国际经济合作竞争新优势，以开放促改革。坚持双边、多边、区域次区域开放合作，扩大同各国各地区利益汇合点，以周边为基础加快实施自由贸易区战略。

2014年12月，习近平总书记在中共中央政治局第十九次集体学习时强调，站在新的历史起点上，实现"两个一百年"奋斗目标、实现中华民族伟大复兴的中国梦，必须适应经济全球化新趋势、准确判断国际形势新变化、深刻把握国内改革发展新要求，以更加积极有为的行动，推进更高水准的对外开放，加快实施自由贸易区战略，加快构建开放型经济新体制，以对外开放的主动赢得经济发展的主动、赢得国际竞争的主动。要加强顶层设计、谋划大棋局，既要谋子更要谋势，逐步构筑起立足周边、辐射"一带一路"、面向全球的自由贸易区网络，积极同"一带一路"沿线国家和地区商建自由贸易区，使中国与沿线国家合作更加紧密、往来更加便利、利益更加融合。

2014年12月召开的中央经济工作会议强调，面对对外开放出现的新特点，必须更加积极地促进内需和外需平衡、进口和出口平衡、引进外资和对外投资平衡，逐步实现国际收支基本平衡，构建开放型经济新体制。努力提高对外投资效率和质量，促进基础设施互联互通，推动优势产业走出去，开展先进技术合作，稳步推进人民币国际化。

"一带一路"正好与中国当前总体发展战略相契合。"一带一路"贯穿欧亚大陆，一个着眼于加快向西开放，一个着眼于建设海洋强国。加快推进"一带一路"建设，有利于打造中国陆海统筹、东西互济的全方位开放新格局；有利于促进沿线国家经济共同发展、共同繁荣，推进更广范围、更宽领域、更深层次的区域经济一体化；有利于增进与沿线国家特别是周边国家政治互信和睦邻友好，维护中国边疆和国家安全；有利于不同民族、不同文明的国家和地区交流互鉴，为世界和平合作发展注入正能量。

6 "一带一路"有何新意？

中国提出"一带一路"，借用了古丝绸之路的历史符号，但是又赋予全新的时代内涵。

说其"新"，一是"新"在和平发展、开放包容的指导原则。"一带一路"以周边国家为重点，以"五通"为主要内容，积极发展与沿线国家的经济合作伙伴关系，共同打造政治互信、经济融合、文化包容的利益共同体、责任共同体和命运共同体。习近平主席强调，推进"一带一路"建设，要诚心诚意对待沿线国家，做到言必信、行必果，让沿线国家得益于中国发展。也就是说，要坚持正确的义利观，在务实合作中要义利兼顾，多向发展中国家提供力所能及的帮助。二是"新"在发展中国家间互利共赢的新型合作关系。"一带一路"沿线大多是新兴经济体和发展中国家，总人口约44亿，经济总量约21万亿美元，分别约占全球的63%和29%。这些国家普遍处于经济发展的上升期，开展互利合作的前景广阔。习近平主席指出，为了使各国经济联系更加紧密、相互合作更加深入，我们可以用创新的合作模式，以点带面，从线到片，逐步形成区域大合作。"一带一路"是开放包容的经济合作倡议，不限国别范围，不搞封闭机制，有意愿的国家和经济体均可参与进来，成为"一带一路"的参与者、建设者和受益者。三是"新"在国际、国内发展战略的有机融合。与以往分散、小区域的开放模式相比,"一带一路"统筹结合了西部大开发等重大战略,推进国内梯度开发,培育各区域经济的向外发散空间。通过创新对外合作模式,强化国内政策支撑,既促进中西部地区和沿边地区对外开放,又推动东部沿海地区开放型经济率先转型升级,进而形成海陆统筹、东西互济、面向全球的开放新格局。

国际上有评论认为,中国提出的"一带一路"是翻版美国"马歇尔计划",这是不确切的。美国在二战后推出的"马歇尔计划"主要面向其政治盟国,所提供资金都用于购买美国产品进行消费。中国"一带一路"采取基建和产能输出的方式,其产生的后续投资和消费完全留给了沿线地区,可以说,双方的合作为相关国家带来了长远的发展后劲。最近几年,美、日等西方国家也提出了"新丝绸之路"等合作框架,但是其重视发展与相关国家双边关系更多是基于安全与军事方面考虑,与区域内国家的纯经济联系较弱,在提出合作计划后,落实措施明显不足,总体看收效并不理想。

7 实施"一带一路"对世界经济格局将有何影响?

当前,经济全球化深入发展,区域经济一体化加快推进，全球经济增长和贸易、投资格局正在酝酿深刻调整，欧亚国家都处于经济转型升级的关键阶段，需要进一步激发域内发展活力与合作潜力。"一带一路"构想的提出，契合沿线国家的共同需求，为沿线国家优势互补、开放发展开启了新的机遇之窗。

首先，"一带一路"将连接欧亚大陆，形成大西洋和太平洋之外的全球第三条贸易轴心。根据世界银行统计，1990—2013年，全球贸易、外国直接投资（FDI）年均增速为7.8%和9.7%，而"一带一路"65个国家（不包括澳大利亚、新西兰和东帝汶）同期年均增速分别达到13.1%和16.5%；尤其是国际金融危机后的2010—2013年，相关国家对外贸易、外资净流入年均增速分别达到13.9%和6.2%，比全球平均水平高出4.6和3.4个百分点，对于带动全球贸易投资复苏发挥了较大作用。

其次，"一带一路"将构筑新的产业转移梯次，也就是"新雁阵模式"。20世纪60—80年代，从日本到"亚洲四小龙"再到东盟其他国家，通过产业梯度转移，大力发展外向型经济，东亚实现了带动整个地区经济腾飞的"雁阵模式"。根据比较优势，未来一段时期，中国劳动密集型行业和资本密集型行业有望依次转移到"一带一路"周边及沿线国家，带动沿线国家产业升级和工业化水平提升，构筑以中国为雁首的"新雁阵模式"。据测算，中国未来十年在"一带一路"国家总投资规模将达到1.6万亿美元，占对外投资比重达70%，这将极大促进泛亚和欧亚经济一体化。

再次,"一带一路"的逐步成熟,将有利于中亚等全球化落伍地区更快地融入国际经济贸易体系,获得更多发展红利。中国凭借新兴大国的优势特点,能够为经济后进国家提供较高性价比的基础设施建设方案,有效帮助沿线国家突破储蓄缺口对经济起飞的制约,为沿线产能承接国家创造就业、开发人力资源、发挥比较优势提供现实性的机遇。近期,由中国首倡的亚洲基础设施投资银行(以下简称亚投行)得到区域内外57个国家大力响应和支持,注册资本达1000亿美元,即将开始运营,显示国际社会包括域外国家极为看好亚洲基础设施投资的市场潜力。

最后,"一带一路"将使中国与国际经济的对接更加紧密。经过改革开放30多年的高速发展,中国正处在从吸引外商直接投资转到扩大对外直接投资的窗口期,进入引进来与走出去并重的阶段。2014年,中国成为世界第二大对外投资国,这标志着中国将在更大范围、更宽领域、更深层次上融入全球经济体系。沿"一带一路"将建成一批纵横交错的战略大通道,由此将大大加快国内各主要经济区块与"一带一路"沿线国家的联系和整合。总体上说,对外开放从没有像今天这样深刻地影响着中国。面对世情国情的深刻变化,实施"一带一路"要求我们树立全球视野和思维,更加自觉地统筹国际国内两个大局,更加主动地谋划全方位对外开放。

8 实施"一带一路"将给中国带来哪些机遇？

"一带一路"是中国政府提出的战略性构想，意义深远。推动、落实好"一带一路"，将为中国带来巨大利好空间。

首先，为经济发展打造新引擎。国际金融危机爆发以来，发达国家市场需求明显减弱，中国外向型经济受到一定制约。建设"一带一路"，能够形成新的欧亚商贸通道和经济发展带。目前中国已签署并实施的自由贸易协定有12个，欧亚大陆腹地国家基本上还是空白。当前中国在欧美发达国家的市场份额难以大幅上升，而"一带一路"域内国家资源丰富，人口众多，经济增长要素潜力巨大，同时发展相对滞后，具有与中国合作的迫切愿望，可将其作为拓展全方位对外开放新格局的重点方向。据商务部统计，过去10年，中国与沿线国家贸易年均增长19%，目前贸易额已超过1万亿美元，占中国外贸总额的1/4。下一步我国可重点实施基础设施共同开发项目，共同打造产业园区和跨境经济合作区，在物流、交通基础设施、多式联运等领域加强互联互通，扩大并优化区域生产网络。

其次，推出对外开放战略2.0版本。改革开放30多年来，中国对外开放取得了举世瞩目的伟大成就，但受地理区位、资源禀赋、发展基础等因素影响，对外开放总体呈现东快西慢、海强陆弱格局。"一带一路"将构筑新一轮对外开放的"一体两翼"：加快向西开放步伐，助推内陆沿边地区由对外开放的边缘迈向前沿；同时，打造东部经济升级的新支点，带动沿海地区优化外贸结构，推动经济转型升级，减轻资源环境压力，形成东西联动发展的新局面。在"一带一路"指导下，我国可统筹规划，同步推动交通基础设施、贸易、投资、能源合作与人民币国际化等领域的开发开放。

第三，以创新模式跳出传统发展路径。当前，中国总体上进入到工业化中后期，制造业普遍出现产能富余。另一方面，基础设施互联互通和一些新技术、新产品、新业态、新商业模式的投资机会大量涌现，对创新投融资方式提出了新的要求。中国2014年对外直接投资突破1000亿美元，首次成为净资本输出国。李克强总理强调，推动装备走出去和国际产能合作，金融服务要同步跟进。此举不仅能拓宽中国外汇储备利用渠道，同时还能破除商业融资障碍，有利于人民币国际化的进程。国内的富余储蓄今后将更多转化为在沿线国家的生产性投资以及债权和股权，标志着中国利用国民储蓄的方式将发生结构性变化，并将对全球范围内投资配置方式产生显著影响。在此大背景下，深化"一带一路"，可以带动资源配置的全球化拓展，将要素禀赋优势升级形成对外投资新优势，通过资本输出带动中国全球贸易布局、投资布局、生产布局的重新调整。总体上看，这是中国在近现代以来首次提出以我为主的洲际开发合作框架,将有力改变原来由西方大国主导的全球发展格局。

9 "一带一路"的总体目标是什么?

中国提出"一带"和"一路",一个着眼于加快向西开放,一个着眼于建设海洋强国。如能按照预期完成,对我国全方位构建对外开放新格局,推进中华民族伟大复兴进程,促进世界和平发展,都具有划时代重大意义。

从经济层面来说,"一带一路"的远期目标是到本世纪中叶,两翼齐飞,总体上建成安全高效的陆海空网络,"五通"目标全面实现。要打造中国陆海统筹、东西互济的全方位对外开放新格局。区域经济一体化新格局要基本建成,形成互利共赢、多元合作、安全高效的开放型经济体系。要促进沿线国家经济共同发展、共同繁荣,形成联系紧密的利益共同体。

从总体目标来看,"一带一路"重在实现区域内全方位的合作共赢,要将合作共赢理念体现到政治、经济、安全、文化等方方面面,更加注重与沿线国家实现多领域、全方位的互利共赢。要增进与沿线国家特别是周边国家政治互信与睦邻友好,维护中国边疆稳定和国家安全,打造共同发展繁荣的责任共同体和命运共同体,为世界和平合作发展注入正能量。

对于实现这些目标,当前已具备良好基础:一是中国与沿线国家之间在产业结构上具有较强的互补性，贸易投资合作的潜力空间巨大。中国现阶段在基础设施与常规制造方面具有很强的国际竞争力，在高铁、重型机械制造等少数领域已经达到世界先进水平，与"一带一路"沿线国家大规模开发阶段的需求特点契合度较高。2014年，中国对外承包工程总额近1400亿美元，主要集中在轨道交通、公路、港口、通讯、电力等基础设施行业。同时，大型基础设施建设一般具有资金投入密集与投资周期较长的特点，发展中国家依靠国内储蓄难以解决。中国成为净资本输出国，有能力协助沿线国家突破投资能力不足的瓶颈制约。二是中国与沿线各国政治关系总体良好，"一带一路"具有广泛的亲和力和号召力，有着较为深厚的民心基础。中国经济快速发展，为沿线国家分享经验、共同发展提供了机遇和空间。我国可将"一带一路"建设与欧亚经济联盟、海湾合作委员会等当地合作机制对接，加强区域经济一体化，为地区经济持续稳定增长提供坚实保障，这也有利于维护地区和平与发展。

10 "一带一路"的共建原则是什么？

恪守联合国宪章的宗旨和原则。遵守和平共处五项原则，即尊重各国主权和领土完整、互不侵犯、互不干涉内政、和平共处、平等互利。

坚持开放合作。"一带一路"相关国家基于但不限于古丝绸之路范围，各国和国际、地区组织均可参与，让共建成果惠及更广泛的区域。

坚持和谐包容。倡导文明宽容，尊重各国发展道路和模式的选择，加强不同文明之间的对话，求同存异，兼容并蓄，和平共处，共生共荣。

坚持市场运作。遵循市场规律和国际通行规则，充分发挥市场在资源配置中的决定性作用和各类企业的主体作用，同时发挥好政府的作用。

坚持互利共赢。兼顾各方利益和关切，寻求利益契合点和合作最大公约数，体现各方智慧和创意，各施所长，各尽所能，充分发挥各方优势和潜力。

11 "一带一路"的合作机制是什么？

当前，世界经济融合加速发展，区域合作方兴未艾。积极利用现有双边、多边合作机制，推动"一带一路"建设，促进区域合作蓬勃发展。

加强双边合作，开展多层次、多渠道沟通磋商，推动双边关系全面发展。推动签署合作备忘录或合作规划，建设一批双边合作示范。建立完善双边联合工作机制，研究推进"一带一路"建设的实施方案、行动路线图。充分发挥现有联合委员会、混合委员会、协调委员会、指导委员会、管理委员会等双边机制作用，协调推动合作项目实施。

强化多边合作机制作用，发挥上海合作组织（SCO）、中国—东盟"10+1"、亚太经合组织（APEC）、亚欧会议（ASEM）、亚洲合作对话（ACD）、亚信会议（CICA）、中阿合作论坛、中国—海合会战略对话、大湄公河次区域（GMS）经济合作、中亚区域经济合作（CAREC）等现有多边合作机制作用，相关国家加强沟通，让更多国家和地区参与"一带一路"建设。

继续发挥沿线各国区域、次区域相关国际论坛、展会以及博鳌亚洲论坛、中国—东盟博览会、中国—亚欧博览会、欧亚经济论坛、中国国际投资贸易洽谈会，以及中国—南亚博览会、中国—阿拉伯博览会、中国西部国际博览会、中国—俄罗斯博览会、前海合作论坛等平台的建设性作用。倡议建立"一带一路"国际高峰论坛。支持沿线国家地方、民间挖掘"一带一路"历史文化遗产，联合举办专项投资、贸易、文化交流活动，办好丝绸之路（敦煌）国际文化博览会、丝绸之路国际电影节和图书展。

12 国际舆论对"一带一路"怎么看？

"一带一路"得到了国际社会的积极响应，沿线国家普遍对此表示欢迎，部分国家首脑及政要公开表示支持"一带一路"构想，并表达了参与意愿。

国际社会对"一带一路"的评价主要集中于以下五个方面：一是与古丝绸之路相比，"一带一路"的内涵更加丰富深刻，体现了中国的全球战略创新；二是有利于推动区域经济合作，促进沿线国家经济发展；三是有利于推动中国与沿线国家人民交往，促进历史与文化交流，增加相互了解与信任；四是有利于全面深化合作关系，实现区域共同发展；五是"一带一路"推动的区域经济合作与文化交流，有利于化解地区冲突，消灭宗教极端势力滋生温床，促进周边国家的和平与稳定。

同时，国际社会对"一带一路"也存在一些疑虑和误读。一方面，担忧"一带一路"将挑战现有的区域合作机制，认为"一带一路"将抗衡美国的亚洲轴心战略，削弱"新丝绸之路"计划，并影响欧亚经济联盟。另一方面，也有一些观点认为"一带一路"的目的是为了重新划分从太平洋到欧洲的经济版图，遏制美国并将其赶到大西洋，是中国霸权主义的体现。个别沿线国家对"一带一路"倡导的基础设施投资也是疑虑重重，认为中国可能借助建造铁路等基础设施获得通向沿线国家石油、金属和煤炭等资源的路径。

13 "一带一路"提出的时代背景是什么？

当今世界正发生复杂深刻的变化，国际金融危机深层次影响继续显现，世界经济复苏缓慢、发展分化，国际贸易投资格局和多边贸易投资规则酝酿深刻调整，各国面临的发展问题依然严峻。共建"一带一路"顺应世界多极化、经济全球化、文化多样化、社会信息化的潮流,秉持开放的区域合作精神,致力于维护全球自由贸易体系和开放型世界经济。共建"一带一路"旨在促进经济要素有序自由流动、资源高效配置和市场深度融合,推动沿线各国实现经济政策协调,开展更大范围、更高水平、更深层次的区域合作,共同打造开放、包容、均衡、普惠的区域经济合作架构。共建"一带一路"符合国际社会的根本利益,彰显人类社会共同理想和美好追求,是国际合作以及全球治理新模式的积极探索,将为世界和平发展增添新的正能量。

共建"一带一路"致力于亚欧非大陆及附近海洋的互联互通,建立和加强沿线各国互联互通伙伴关系,构建全方位、多层次、复合型的互联互通网络,实现沿线各国多元、自主、平衡、可持续的发展。"一带一路"的互联互通项目将推动沿线各国发展战略的对接与耦合,发掘区域内市场的潜力,促进投资和消费,创造需求和就业,增进沿线各国人民的人文交流与文明互鉴,让各国人民相逢相知、互信互敬,共享和谐、安宁、富裕的生活。

当前,中国经济和世界经济高度关联。中国将一以贯之地坚持对外开放的基本国策,构建全方位开放新格局,深度融入世界经济体系。推进"一带一路"建设既是中国扩大和深化对外开放的需要,也是加强和亚欧非及世界各国互利合作的需要,中国愿意在力所能及的范围内承担更多责任义务,为人类和平发展作出更大的贡献。

14 "一带一路"的五大重点方向是什么?

丝绸之路经济带的重点方向有三：一是中国经中亚、俄罗斯至欧洲（波罗的海）；二是中国经中亚、西亚至波斯湾、地中海；三是中国至东南亚、南亚、印度洋。

21世纪海上丝绸之路的重点方向有二：一是从中国沿海港口过南海到印度洋，延伸至欧洲；二是从中国沿海港口过南海到南太平洋。

15 "一带一路"中如何推进软实力建设?

"一带一路"是党中央做出的重大战略部署，是中国对外开放和"走出去"战略的升级版，既包括硬实力建设，也包括软实力投入和建设，两者相得益彰，缺一不可。就软实力建设而言，应加强顶层设计，多方并举推进。

一是充分发挥中国历史与文化传统优势，彰显中华文明独特魅力与和谐发展价值。一方面，丝绸之路推动人类文明进步，是古代东西方商贸往来和文明交流大通道，是东西方和平发展的历史，是沿线各国各地区共有的珍贵历史文化遗产和集体回忆，因此，"一带一路"容易为各国所接受。另一方面，丝绸之路的历史，是中国对外友好合作史。2000多年前，西汉张骞探索出使西域，打通东西方文明交通大动脉；明代郑和下西洋，繁荣海上丝绸之路。历史表明，中华文明在其强盛时期并未恃强凌弱，而是倡导和平共荣，这与西方列强的殖民历史不同，彰显中华文化的独特价值观。

二是加大立体化全方位宣传，宣扬中国和平发展与和谐世界的外交理念。习近平主席强调，要集中力量办好"一带一路"建设这件大事，秉持亲、诚、惠、容的周边外交理念，近睦远交，使沿线国家对我们更认同、更亲近、更支持；要诚心诚意对待沿线国家，做到言必信、行必果；要本着互利共赢的原则同沿线国家开展合作，让沿线国家得益于中国发展；要实行包容发展，坚持各国共享机遇、共迎挑战、共创繁荣。坚持正确的义利观和大局观，关照各方关切，扩大利益汇合点，凸显中国和平合作、开放包容、互学互鉴、互利共赢的精神，宣扬中国在本地区建设休戚与共、同享繁荣的命运共同体的远大目标，逐步消除"中国威胁论"。

三是官民并举，加大公共外交，加强国际沟通与交流。加强政党、政府、企业、智库、媒体、非政府组织以及民间交流与合作，通过多种形式的战略沟通，增信释疑。

四是软硬结合，通过硬实力展现软实力。加强政策引领、市场导向，通过贸易、投资等合作，促进共同发展、共同提高，在合作中展现中国诚意，在项目中展现中国长处，彰显中国经济发展道路优势。

五是重视微观层面的落实。除了宏观政策层面的设计、规划，推进软实力建设还需重视"最后一公里"问题，即具体走出去的企业和个人。企业和个人是"一带一路"政策的具体实施和践行者，其行为举止一定程度上决定软实力建设的成或败。需对其在当地的行为进行规范和引导，使其在专业素养、道德修养、环保和社会责任等方面既尊重和符合当地文化习俗，又体现国际高水准的要求。此外，在推动"一带一路"建设中，宜充分调动民营企业积极性，注重发挥市场力量的基础性作用，淡化外国人眼中"官方"色彩，化解对方战略疑虑。

政策篇

1 "一带一路"中的互联互通包括哪些领域？

互联互通是"一带一路"建设的血脉经络和优先发展方向，主要指基础设施、规章制度、人员交流三位一体的联通。既包括交通基础设施的硬件联通，又包括规章制度、标准、政策的软件联通，还有增进民间友好互信和文化交流的人文联通。

互联互通涵盖政策沟通、设施联通、贸易畅通、资金融通与民心相通五大领域。政策沟通，主要指相关国家和地区通过领导人、部门、地方等各层次政策对话，完善多边双边政策协调和沟通机制；设施联通，既有传统的公路、铁路、航空、航运、管道等的联通，也有电力、电讯、邮政、边防、海关和质检等新领域的联通；贸易畅通，重点促进贸易投资便利化；资金融通，包括推广本币结算和货币互换；民心相通，是指促进不同文明和宗教之间的交流对话，推进教育、文化交流，发展旅游等。

"五通"可以根据不同的情况逐步实现。在初始阶段，交通基础设施有着很好的基础，陆上的道路和海上的航路、陆上的口岸和海上的港口等都是"一带一路"互联互通的优先和重点。最终目标是政策沟通、设施联通、贸易畅通、资金融通、民心相通五大领域全面推进，形成全方位、立体化、网络状的大联通。

"一带一路"建设以陆上和海上经济合作走廊为依托，以交通基础设施为突破口，以建设融资平台为抓手，以人文交流为纽带，以共商、共建、共享的平等互利方式，推动互联互通，建设深度交融的互利合作网络。

2 为什么实施"一带一路"要强调贸易便利化？

国际贸易中时常存在诸如程序和手续繁琐、边境通关和运输效率低等障碍或壁垒，严重影响各国经济发展与合作。贸易便利化旨在通过简化程序、减少限制等措施，降低交易成本，从而促进货物、服务的自由流动。"一带一路"沿线国家经济一体化程度低，贸易障碍多，相关机制效率低，贸易便利化是推进"一带一路"必须解决的重要课题。

一般而言，贸易便利化的作用主要有三：在非关税领域消除现有障碍，改变过时的监管规则；确保交易者不再受制于政府，政府的更替不会导致改革的废除；结束存在多方甚至是矛盾的行政命令干扰。

贸易便利化能大大降低贸易成本，对于"一带一路"沿线国家尤其有利，有助于推动相关国家贸易自由化，消除繁琐手续带来的重复工作，减少时间、资金的消耗。通过可预见的、透明的政府和海关管理，可以降低并消除通关盲目性带来的损失，减少名目繁多的海关文件和形式各异的标准带来的不必要延误，大大节约流转时间，规避各种风险。贸易便利化使贸易商对通关更有预见性，更易应对，增加与政府和海关的沟通及合作，大大改善贸易商的守法状况，节约政府管理成本。

贸易便利化也将大大改善投资环境，为东道国和贸易商创造更多商业机会，"一带一路"沿线国家将从中获得巨大收益。这些国家可以充分利用国内外"两个市场"和"两种资源"，更合理配置、更高效使用人、财、物等资源。

3 能源通道合作对中国有何重大意义？

能源通道合作是推进"一带一路"互联互通建设的一个重点。在油气管道建设上，中国已经形成西北、西南、东北、海上四大油气战略通道，包括中国—中亚天然气管道和中哈原油管道、中缅油气管道、中俄油气管道和海上进口通道，还将部署西南电力通道、中俄电力通道，加快中缅、中塔、中巴等跨境通信干线建设，加快东南亚方向尚未完成的海底光缆项目建设。

在世界能源格局中，亚太地区中心地位日益突出。推动能源通道在内的基础设施建设、维护能源市场安全稳定可持续是亚太地区及世界各国共同的命题。在"一带一路"下加强与有关国家能源通道合作，有助于推动中国与相关国家全方位合作，深化能源利益互补与互赖，实现开放条件下的能源安全。

能源通道合作也是各国能源和经贸合作的重要基础和前提。打造能源通道，必然带动公路、铁路、油气管道等基础设施的建设，推动资源的开发利用以及人流、物流、资金流、信息流等贸易服务的往来，对促进经济发展意义重大。中国西部以及中亚地区煤炭、油气资源将逐步打开区外市场，拉动区域内能源消费增长。而与能源基础设施相关的设备出口和工程基建等需求将在国际市场放大，为中国带来更大商机。

4 基础设施建设为何是"一带一路"重要抓手？

基础设施建设是互联互通的重点和优先领域，是加强沿线国家合作的空间载体和重要基础。在"三位一体"的互联互通中，基础设施的互联互通是"一带一路"建设的前提，只有疏通经络、畅通血脉，打通制约经济发展的诸多瓶颈，"一带一路"才能活起来。

基础设施不完善是制约沿线国家合作深化的薄弱环节，更好的交通基础设施将大大提高物资、人员和信息流动便利化，促进全方位互联互通。"一带一路"沿线国家和地区，尤其是欠发达国家和地区，渴望通过"一带一路"改善积弱的基础设施建设，修建通往经济繁荣之路。

公路、铁路、港口和机场等基础设施互联互通是"一带一路"构想的主要着力点之一。"硬件"联通在对接沿线各国发展战略的同时,也为实现区域联动发展和共同繁荣注入新活力,给当地的基础设施建设企业带来庞大商机。沿线国家应共同努力把基础设施互联互通作为重点,抓住关键通道、关键节点和重点工程。

中国可充分发挥自身优势,在促进基础设施建设方面作出贡献,包括通过鼓励民间资本进入基础设施领域投资、联合地区各国出资设立政策性金融机构、争取国际组织援助等方式为互联互通建设提供必要的资金支持。也可借鉴欧盟加强基础设施互联互通建设投融资机制的有益经验,发挥各类资本的积极作用。

5 中国自由贸易区建设与"一带一路"如何对接?

加快实施自由贸易区战略是中国新一轮对外开放的重要内容。在"一带一路"下,中国将加强自由贸易区建设的顶层设计,逐步构筑起立足周边、辐射"一带一路"、面向全球的自由贸易区网络。

推进区域全面经济伙伴关系协定,与沿线更多国家和地区发展自由贸易关系,需要加快一系列自由贸易区谈判,以周边为基础加快实施自由贸易区战略。"一带一路"将以自由贸易园区或港区的形式推动经济走廊建设,加快区域经济一体化。为此,中国将改革市场准入、海关监管、检验检疫等管理体制,加快环境保护、投资保护、政府采购、电子商务等新议题谈判,形成面向全球的高标准自由贸易区网络。

中国在与其他国家建立自由贸易区的同时,也在加快推动国内沿海地区自由贸易园区建设,以期形成内外兼修、多层次并进的自由贸易区格局。目前,上海自由贸易实验区已运行一年多,相关部门正在总结经验,希望尽快在全国推广。全国已有多个地区上报自由贸易区建设方案。天津、粤港澳、福建三地成为第二批自由贸易区试点。在"一带一路"下,新疆维吾尔自治区提出建设中国—中亚自由贸易区;宁夏回族自治区提出建设中国—海合会自由贸易区先行区;连云港市拟申报建设中哈连云港自由贸易区和连云港自由贸易港区,在此基础上申报建设"丝绸之路经济带"自由贸易区。

6 怎样利用"一带一路"建设推动人民币国际化?

"一带一路"沿线国家是人民币区域化、国际化的主要试点地区。对这些国家而言,中国既是主要投资来源,也是重要贸易伙伴,因此具有与中国共同推动人民币国际化的良好基础和条件。

一是深化周边金融货币合作,为人民币走出去"筑巢铺路"。构建稳定的区域货币和投融资体系是人民币走出去的关键一步。一要扩大与周边国家双边及多边本币互换规模和范围，完善人民币跨境清算安排，促进人民币离岸市场发展。二应逐步在区域内建立高效监管协调机制，包括进一步推动与沿线国家金融监管当局的双边监管合作，加强沟通协调，扩大信息共享范围等。三需完善风险应对和危机处置制度安排，构建区域性金融风险预警系统，形成银行跨境风险和危机处置的交流合作机制。四是加强征信管理部门、征信机构和评级机构之间的跨境交流与合作。

二是充分发挥金融机构的积极性和创造性，为人民币跨境使用"制造东风"。应引导和鼓励中资银行发展境外业务，鼓励境内金融机构向境外发放贷款，提高发放贷款的便利程度。支持金融机构创新信贷产品和审贷模式，提供股权融资、出口应收账款质押贷款、进出口信贷、海外资产抵押贷款等业务品种，支持企业境外并购、产能转移。鼓励中资金融机构与沿线国家金融机构开展本外币贷款转贷业务，扩大人民币在跨境贸易中的使用，鼓励境内机构或个人使用人民币对外直接投资，促进人民币在大宗商品计价和交易结算中的使用。

三是请进来与走出去相结合，以金融开放提升人民币吸引力。鼓励中资金融机构走出去以及沿线国家金融机构来华设立机构，鼓励中外金融机构在支持"一带一路"建设方面加强合作。具体包括：充分利用中国（上海）自由贸易实验区、前海深港现代服务业合作区等平台，推动跨境人民币业务创新。支持符合条件的境内金融机构和企业在境外发行人民币债券和外币债券，所筹资金在境外使用。

推动信用级别较高的沿线国家企业和金融机构在华发行人民币债券。

7 中国企业如何借"一带一路"建设走出去？

"一带一路"建设为中国企业走出去提供了巨大的历史机遇，既可为中国企业加速对外投资营造良好的"外环境"，也将明显改善中国企业在当地投资和运营的"内氛围"。"一带一路"基础设施和沿线工业园区的建设，将显著降低中国企业的经营、运输成本，助其增强整体竞争力。中国企业应善用"一带一路"东风，借机做大。

一是"落地生根"发展。根据沿线国家经济比较优势和产业升级需求，结合"一带一路"阶段性规划，选择重点经营和拓展地区。例如，发电及输变电、轨道交通、工程机械、电子信息、通信等行业企业，可帮助基础设施落后的沿线国家提升基建水平、消除发展瓶颈；农林牧渔、食品加工、轻工纺织等行业企业可在资源富集、市场需求大的沿线国家，以国际贸易、生产加工、仓储物流为切入点，开展深度合作；信息技术、生物、新能源、新材料等新兴产业企业，可探索与沿线国家的创业投资合作，以实现优势互补、互利共赢。

二是"由点及面"推进。即积极探索链条式转移、集群式发展、园区化经营，尽快提升整体国际竞争力。如可以骨干企业为中心,吸引上下游产业链转移和关联产业协同布局,建立研发、生产、营销、服务体系,提升产业配套能力和综合竞争力。同行企业走出去时应避免同质竞争,鼓励差别化和互补式经营,提升资源配置效率,形成规模效应。企业走出去应积极参与中国与相关国家共同推动建设的产业园区、科技园区、生态园区、经贸合作区、研发中心等,通过专业化园区运营,搭建合作平台,整合生产要素,降低运营成本,实现集中布局、集群发展。

三是正面形象塑造。即树立社会责任意识,为提升中国在周边的制度软实力和道路吸引力贡献正能量。企业走出去应遵守当地政治、法律、财务制度,注重知识产权保护,树立社会责任意识,严格保护生态环境,积极帮助当地发展经济、改善民生,建立并维护中国企业在外的良好形象。同时,行业协会、商会也应加强与所在国沟通,加强行业自律,规范行业秩序,建立风险防控网络,维护企业合法权益。

8 实施"一带一路"的建设资金从哪里来?

"一带一路"建设构想宏伟、工程庞大,需"八方纳贤",调动包括国家财政、银行资金、地区合作基金、私人资金等积极参与。各类资金也应根据自身优势和特点,既各展其能又充分融合、密切合作,成为推动"一带一路"建设的有机组成部分。

财政资金发挥引领作用。财政资金鉴于其政府背景，可通过政府购买、财政贴息、公私合营等多种方式，充分发挥引领、规划、推动等作用，"撬动"更多资金参与到"一带一路"建设中。

银行资金发挥中坚作用。"一带一路"项目大多带有公共产品属性，社会效用高，但经济效益偏低、投资周期长。应进一步丰富政策性金融手段，鼓励政策性等金融机构立足自身职能定位，在风险可控和符合规定的前提下创新服务方式，多渠道开辟和增加长期低成本资金来源。

地区合作资金发挥凝聚作用。"一带一路"既是中国在新时期提出的对外经济合作宏伟构想，也是周边和地区经济合作发展到新阶段的产物和载体，需要聚拢多方合力。亚投行、金砖国家新开发银行、中国—欧亚经济合作基金、中国—东盟银行联合体、上合组织银行联合体等都是推动"一带一路"建设的关键力量，不仅是地区共识的凝聚者、关键项目的策划者和执行者，也是调动地区资金积极参与"一带一路"建设的平台和纽带。

私人资金发挥补充作用。私人资金的参与，既可弥补财政资金的稀缺，消除经济发展瓶颈，更可实现"引资入实"、健康增长的政策目标。鼓励私营企业以公私合营等方式，开展境外铁路、公路、港口、电信、电力、仓储等基础设施投资，并创新对外投资和合作方式。在开放背景下，"一带一路"融资还应实现国内金融市场和国际金融市场共用、直接融资与间接融资并举，充分利用国内外各种资金，分享"一带一路"的收益。此外,应充分发挥多边和双边基金的作用,引导境内外商业性股权投资基金和沿线国家社会资金,共同参与"一带一路"重点项目建设。

9 怎样结合"一带一路"实施新时期的对外援助?

周边地区一直是中国对外援助的重点,对外援助是"一带一路"实施的重要一环。

第一,定规划,加力度。结合"一带一路"建设,制定中长期规划和国别规划。2013—2014年,商务部完成覆盖全球的对外援助国别指导意见编制工作,2015年将会同相关部门,制定出台对外援助中长期政策指南和国别指导意见。届时,冠有中国品牌的企业将随对外援助项目走向全球。此外,根据中国国力和受援国需求,扩大对外援助规模,加大对沿线受援国的援助力度。加强重大基础设施援助项目,加大规划咨询和重大项目预先可行性研究。《中国的对外援助(2014)》白皮书显示,亚洲占中国对外援助资金的45%左右。"一带一路"实施后,新增援助资金主要向"一带一路"沿线国家和周边国家倾斜,亚洲周边可能将增至50%。在项目选择上将围绕"一带一路"的建设规划,有重点地帮助实施一批重大战略项目,推进中国与周边国家的互联互通。

第二,拓来源,提效率。"一带一路"涉及的基础设施建设，如公路、铁路、机场、港口等，投资规模大、周期长，仅靠国家出资无力完成，需整合对外援助资金和地区合作银行、各类基金、商业银行和企业等，形成走出去联盟。此外，还应创新对外援助方式和项目管理模式，全面提高对外援助质量和效益。2014年11月15日，商务部颁布《对外援助管理办法》，提出对外援助项目管理体制改革"创新管理、优化队伍、规范竞争、落实责任"的思路。具体来说，一是转变政府职能；二是创新对外援助项目实施管理的模式；三是抓好对外援助项目的立项前期管理；四是建立健全项目合同管理制度；五是完善竞争性的对外援助招标制度；六是落实对外援助项目的质量保证责任。

第三，助民生，收民心。收益只是当下，民心才是长远。只有收获民心，方能谋划长远。因此，对外援助应向民生项目倾斜，多投向能直接惠及受援国民众的扶贫、减灾、职业教育、农业发展等领域。例如，加强与周边和"一带一路"国家的人力开发合作，提供高级学历学位教育、短期主题研修培训等，还应开展普遍受益的实用技术培训，促进与受援国在人文、教育、科技等领域的交流研讨，扩大派遣对外援助志愿者。

10 新型银行在"一带一路"建设中如何运作？

近年来，在中国周边基建热潮中，涌现出亚投行、金砖国家新开发银行、上合组织开发银行（商讨中）等一批新型银行。这些银行是"一带一路"建设的天然合作者、推动者和协调者。

"一带一路"建设的天然合作者。亚洲很多国家正处在工业化、城市化的起步或加速阶段，对能源、通信、交通等基础设施需求很大，但供给严重不足，普遍面临建设资金短缺、技术和经验缺乏的困境。亚洲开发银行估算，2010—2020年，亚洲基础设施要达到世界平均水平，国内建设需8万亿美元，区域性建设另需3000亿美元，融资缺口巨大。新型银行明确提出"金融服务实体经济发展"的口号，并将投资基础设施作为消除发展瓶颈的重要突破口，这与中国"一带一路"建设的目标高度吻合。未来，新型银行可为"一带一路"沿线重点项目提供优惠贷款和融资安排，帮助降低运营成本，推动地区基础设施互联互通。

"一带一路"建设的地区推动者。"一带一路"是中国政府提出的地区经济合作构想，其成功实施离不开地区其他国家的积极支持和大力合作。作为地区金融合作的重要载体，新型银行将成为地区共识的凝聚者和主要项目的推动者。以亚投行为例，成员国可在充分磋商与沟通的基础上，支持"一带一路"建设中的重点项目，有力推动"一带一路"的实施和落实；同时，亚投行通过制定自身阶段性规划和确定重点融资项目，也能对"一带一路"建设起重要的补充和促进作用。

"一带一路"建设的国际协调者。"一带一路"沿线地缘政治关系复杂,历来是大国争夺与博弈的焦点。作为中国提出的地区合作构想,"一带一路"不可避免地引起域内外大国和国际机构的关注和猜疑。一方面,新型银行开放式的股权结构,为其他国家加入银行和参与"一带一路"沿线建设提供平台;另一方面,新型银行可通过联合融资等方式,加强与现有多边开发银行的合作,与后者形成互补而非竞争的良性合作关系。

11 为什么要设立丝路基金?

丝路基金是中国政府为推进"一带一路"建设提供支持而筹建的、以基金形式运作的融资平台。与中国政府主导筹建的其他融资平台(如亚投行)不同,丝路基金目标明确指向"一带一路"建设,而且该平台的运作方式也非政府间开发性融资银行,而是以投资基金的形式运营。2014年11月4日,习近平主持召开中央财经领导小组第8次会议,专门提出利用中国资金实力设立丝路基金,以直接支持"一带一路"建设。同年11月8日,习近平在北京钓鱼台国宾馆举行的"加强互联互通伙伴关系对话会"上进一步宣布,中国将出资400亿美元成立丝路基金,欢迎亚洲区域内外的投资者积极参与。自此,丝路基金的轮廓基本清晰。2014年12月29日,丝路基金有限责任公司在北京注册成立。

中国政府筹建丝路基金的主要原因包括：一是为"一带一路"建设提供资金支持。"一带一路"建设所涉及的基础设施投资需要大量资金投入，而沿线国家大部分为发展中国家，发展程度较低，基础设施条件较差，难以提供如此巨额建设资金。中国愿意利用自身强大的资金实力，并引导带动大量私人资金加入。二是盘活存量资本，为中国资本走出去打开新渠道。近30年来，中国积累了5万多亿美元的对外金融资产，包括近4万亿美元外汇储备，而对外直接投资累计余额仅约5000亿美元，资产配置不够合理和多元化。设立丝路基金，有利于盘活资金，提高资产收益率，降低对美元资产的依赖。三是弥补国际金融体系的不足。当前，世界经济增长乏力，基础设施建设是提振全球需求、刺激经济长远发展的重要途径。但是，全球基础设施建设据估需要数十万亿美元投入，亚洲开发银行、世界银行等金融机构资金实力有限，无力满足融资需要，且体制僵化、灵活性不足，难以适应复杂的世界经济现实。中国设立的丝路基金开放灵活，可在一定程度上弥补当前国际金融体系不足，承担与中国全球地位相适应的大国责任，为全球经济发展提供部分"公共产品"。

12 什么是基础设施建设的PPP模式？

习近平指出，"一带一路"建设是一项长期工程，要做好统筹协调工作，正确处理政府和市场的关系，发挥市场机制作用，鼓励国有企业、民营企业等各类企业参与，同时发挥好政府作用。PPP模式（Public Private Partnership，公私合作伙伴关系，也称3P模式）就是符合上述要求的一种项目融资模式。

世界银行认为，PPP是指由私营部门同政府部门达成长期合同，共同提供公共资产和服务，私营部门承担主要风险及管理责任，并可根据绩效获取一定回报。中国财政部强调政府与社会资本的合作关系，认为PPP是政府和社会资本在基础设施及公共服务领域建立的一种长期合作关系，通常由社会资本承担设计、建设、运营、维护基础设施的大部分工作，并通过"使用者付费"及必要的"政府付费"获得合理投资回报；政府部门负责基础设施及公共服务的价格和质量监管，以保证公共利益最大化。

PPP的主要特点：一是伙伴关系。私营企业与政府通过协议的方式进行平等合作，共同参与公共基础设施等公共工程项目建设或公共服务的提供。二是利益共享，风险共担。双方明确共同承担的责任和风险，明确各方在合作项目各个流程环节的权利和义务，最大限度地发挥各方优势。三是合作形式多样。除了投融资合作，还可采取股权转让、合资等合作模式。PPP因其形式灵活广受欢迎，20世纪80年代以来在世界各地流行。据统计，1990—2009年间，欧盟境内签署PPP公私合作项目近1400项，总金额约达2600亿欧元。美国、澳大利亚、印度等国PPP公私合作项目也较为普遍。

13 如何在"一带一路"建设中因地制宜搞金融创新？

因地制宜推动金融创新对建设"一带一路"具有极大必要性。首先，作为中国对外经贸战略的重大部署，"一带一路"包括陆、海两大方向，涵盖60多个国家和地区，各国在自然地理、人文历史、社会习俗、政经制度、发展水平等方面差异巨大。这就决定了"一刀切"的僵化融资模式难以适应现实需求。其次，"一带一路"建设资金投入规模庞大、回报率相对较低，需要不断有资本进入。据亚洲开发银行测算，亚洲地区每年基础设施投资需求高达7500亿美元，2010—2020年间至少需要投入8万亿美元改善基础设施，才能维持目前经济增长水平。资金需求量大、周期长、见效慢，唯有不断创新融资模式，方能确保"一带一路"宏伟工程的顺利推进。

因地制宜推动金融创新，需要以市场为基础，多管齐下，充分发挥政府、企业和民众的积极性。

一是立足各国国情和建设项目的具体情况，探索合适的融资模式。"一带一路"沿线国家国情迥异，仅以宗教为例，既涵盖佛教、伊斯兰教，也包括东正教、基督教和天主教等；合作项目繁多，既包括传统意义上的自由贸易协定，也包括次区域合作（如大湄公河合作），还有经济走廊、经济开发区、互联互通、人文交流、跨国运输线、金融合作等。不同的国家和项目，所适用的融资方式也不同。

二是充分利用国际金融机构的力量。世界银行、国际货币基金组织、亚洲开发银行、欧洲复兴开发银行等国际金融机构的宗旨之一是促进发展中国家经济发展，且在援助开发等方面经验丰富，可资利用。一方面，可借鉴其先进经验，推进"一带一路"建设；另一方面，可与其合作，共同为"一带一路"建设提供资金。

三是充分发挥政府引领作用，加大各国政府间合作。解决"一带一路"建设的融资问题，仅靠一个或少数国家的努力难以做到，需要大家协作，对接各国的基础设施建设需求。亚投行就是中国倡议的政府间金融合作创新。此外，各国政府不同形式的开发援助以及各种非政府组织（NGO）的支持也是重要补充。

四是充分调动利用市场的力量。金融市场是金融创新的基础，也是"一带一路"建设的关键资金来源。要充分利用市场激励机制，激发各市场主体的创新潜力，利用银行借贷、债市融资、股权融资、基金、信托等直接或间接融资，以及以此为基础的各种金融衍生品，打开国际资金来源的广阔渠道。此外，公私合作、官民共建也是重要融资方式。如PPP模式能结合政府与市场二者的优点，避免各自的缺陷和不足。

14 怎样结合"一带一路"建设做好国内产业转移？

"一带一路"是中国融入全球和区域经济一体化的创新之举，以点带面，从线到片，逐步形成区域大合作，使各国经济联系更加紧密、相互合作更加深入、发展空间更加广阔。"一带一路"既包括公路、铁路、港口等基础设施的建设和互联互通，还包括产业投资、金融合作、人文交流等内容，最终将使中国和沿线国家结成经济上紧密互联、互利共赢的共同体，形成覆盖全球60%以上人口、近30%经济产值和涵盖欧亚大陆广袤地区的产业价值链。"一带一路"的建设过程，是包括中国经济在内的区域内产业转移和调整的过程，也是区域内资源优化配置的过程。

要做好国内产业转移：第一，应立足国内比较优势，服务于国内经济结构调整。近年由于劳动力、环保等成本提高，国内一些低端的劳动密集型产业，如制衣制鞋业，逐渐丧失比较优势，应优先考虑转移至具有成本优势的国家和地区。一些产业，如轻工、食品、纺织和普通家用电器等，因国内经济结构调整和经济"新常态"，加工能力出现富余、技术成熟且产品在国内市场已饱和，可部分转移至国外。具有比较优势的产业，如钢铁、建筑、机械、工程等资金和技术密集型产业以及部分高新产业，可通过在外设立子公司等形式，用足国内外两大市场，增强全球竞争力。第二，应着眼全球产业价值链重组，增强核心竞争力。结合"一带一路"建设，在更大区域范围内配置生产资源，优化产业供应链，增强中国产业的国际竞争力。第三，应坚持主体多元化，形式多样化。鼓励包括中小企业在内的对外投资主体参与国际竞争。依托"一带一路"沿线城市，通过重要干线、经贸产业园区、经济走廊等平台，以跨国合作、合资、境外独资等股权和非股权投资形式，促进中国产业走出去。

15 国内各省区对外互联互通合作重点有哪些？

基础设施互联互通是"一带一路"建设的优先领域。在尊重相关国家主权和安全关切的基础上，宜加强与沿线国家基础设施建设规划、技术标准体系的对接，共同推进国际骨干通道建设，逐步形成连接亚洲各次区域以及亚欧非之间的基础设施网络。强化基础设施绿色低碳化建设和运营管理，在建设中充分考虑气候变化影响。抓住交通基础设施的关键通道、关键节点和重点工程，优先打通缺失路段，畅通瓶颈路段，配套完善道路安全防护设施和交通管理设施设备，提升道路通达水平。推进建立统一的全程运输协调机制，促进国际通关、换装、多式联运有机衔接，逐步形成兼容规范的运输规则，实现国际运输便利化。推动口岸基础设施建设，畅通陆水联运通道，推进港口合作建设，增加海上航线和班次，加强海上物流信息化合作。拓展建立民航全面合作的平台和机制，加快提升航空基础设施水平。

新疆应成为丝绸之路经济带上重要的交通枢纽、商贸物流和文化科教中心。陕西、甘肃、青海和宁夏应推动形成面向中亚、南亚及西亚国家的通道、商贸物流枢纽、重要产业和人文交流基地。内蒙古应用好联通俄蒙的区位优势。黑龙江、吉林、辽宁宜与俄远东地区开展陆海联运合作，推进构建北京—莫斯科欧亚高速运输走廊。广西宜积极构建面向东盟的国际通道。云南应推进与周边国家的国际运输通道建设。沿海城市应加强港口建设，强化上海、广州等国际枢纽机场功能。其他内陆省份应加强口岸通关协调机制建设，建设沟通境内外、连接东中西的运输通道，支持航空港、国际陆港建设，加强内陆口岸与沿海、沿边口岸通关合作。

现状篇

1 "一带一路"沿线国家发展形势如何？

"一带一路"是世界上跨度最长的经济大走廊，是世界上最具发展潜力的经济合作带，发端于中国，贯通中亚、东南亚、南亚、中东乃至欧洲部分区域，东牵亚太经济圈，西系欧洲经济圈，覆盖人口约44亿，经济总量约21万亿美元，分别占全球的63%和29%。

进入21世纪，"一带一路"沿线国家大多取得了较为迅速的经济增长。2008年全球金融危机虽使不少国家发展势头受挫甚至出现衰退，但很快这些国家的经济便触底反弹，重回快速增长轨道。危机后，东南亚、南亚和中亚地区保持了5%以上的平均增速，为全球经济最具活力的区域。

但沿线国家经济结构单一，结构性问题丛生。近年来，受世界经济整体放缓、大宗商品市场低迷以及地缘政治冲突迭起等影响，经济增长下滑态势明显。2011—2014年，东南亚整体增速从5.9%下滑至4.7%，南亚从6.3%下滑至5.5%，中亚和独联体从8%下滑至4%，中东从6.4%下滑至2.8%，东欧从3.9%下滑至0.8%。2014年下半年国际油价一路走低，显著冲击沿线主要石油产区俄罗斯、中亚和中东的增长前景。俄罗斯受到西方制裁和油价暴跌双重打击，成为重灾区。

当前，地缘政治危机持续发酵。"伊斯兰国"等极端恐怖组织在伊拉克境内蔓延、俄乌冲突、伊朗核危机、叙利亚内战、南海局势趋紧等都可能从国际政治层面传导至经济层面，成为未来影响沿线国家经济发展与区域合作的重要变量。

推进结构改革、摆脱经济低迷成为沿线国家的迫切任务。过度依赖能源和大宗商品出口是俄罗斯、中亚、中东等国或地区经济结构的"痼疾"；南亚、东南亚不少国家则面临进一步扩大开放、加强区域整合的挑战；印度、印尼等重要经济体改革派政府纷纷上台，有望成为扭转颓势、强化增长的有利契机。

2 沿线国家对与中国经贸合作有何期待？

沿线绝大多数国家都是新兴市场和发展中国家，寻求发展愿望强烈。依托"一带一路"建设，沿线国家希望能将自身发展与中国发展对接，从中国的发展中获益。

一是希望中国能在产业发展上发挥带动作用。工业化是一国经济起飞的必由之路。沿线国家在制造业领域多面临资金、技术与经验缺乏，发展能力较弱等问题。特别是中东和中亚地区，产业结构单一，过分倚重能源出口，迫切希望引进中国资本助推工业发展。而中国作为制造业大国，面临土地、劳动力、产能过剩等瓶颈制约，存在产业外移的需求和能力。吸引钢铁、服装、纺织、塑料制品、金属与非金属制品、电子信息等产业从中国向本国转移，提升自身制造业水平，助力经济转型，是沿线国家一大诉求。

二是希望中国能在基础设施建设上发挥支撑作用。沿线各国大都推出了雄心勃勃的基建计划，意图拉动经济，提升增长动能和潜力，但受限于财政能力和产业发展水平，面临庞大的融资缺口和技术障碍。在基础设施建设领域，中国拥有世界领先的技术手段、低廉的建设成本和丰富的运营经验，并能提供大量信贷支持和政策优惠。因此，沿线国家希望可以引入中国资本和技术，来有效弥补自身在建设大型铁路网、公路网上的初期资金、技术等方面缺口。

三是希望中国能在扩大双边贸易和投资上发挥引领作用。沿线国家希望依托双边贸易和投资协定，一方面，利用中国资金、技术等优势，弥补自身缺口及发展经验不足；另一方面，打开中国庞大市场，分享中国改革发展的新机遇。当前中国与沿线大多数国家贸易投资便利化制度安排滞后，这些国家希望中国在区域经济合作中，不单关注世界贸易投资自由化、便利化、高标准、全面性的发展新趋势，还要照顾各国具体国情及发展需要，构建起互惠双赢的地区性贸易投资安排，助力各国经济发展。

3 当前推进"一带一路"过程中面临哪些风险？

推进"一带一路"过程中面临诸多风险：

一是经济合作效果不佳。基础设施建设和矿产资源开发是中国与沿线国家合作的重点，但却面临投入大、风险高、周期长、收益不确定的局面。沿线许多国家和地区由于人口稀少、经济水平相对落后，大型基础设施建设项目的盈利前景不明朗，甚至在很长时间内，收益难以弥补运营赤字。此外，中国对当地矿产资源的开发往往遭致"新殖民主义"指责，引起东道国的警惕与反弹。这意味着短期内中国对沿线国家和地区的经济整合难以获得当地社会的认同。

二是大国博弈带来地缘政治风险。"一带一路"沿线国家战略区位优势显著、自然资源丰富、发展前景广阔，近年来区域内外大国如美国、俄罗斯、日本、印度等纷纷利用各自影响力，力图主导该地区事务，对"一带一路"的推进形成制约。如俄罗斯利用其在独联体地区的特殊影响，力推欧亚联盟建设，视中亚为其势力范围；美国利用其在东南亚的影响力，力推"重返亚太"和跨太平洋战略伙伴关系协定（TPP）谈判，削弱中国影响力；日本搅局南海，拉拢越南、菲律宾和印度围堵中国，阻碍海上丝绸之路建设。

三是沿线国家内部存在较大的政经风险。不少国家存在政治发育不成熟、法制不健全、安全形势堪忧、债台高筑等脆弱环节，危及"一带一路"的顺利推进。如中亚多国政治过渡和社会转型前景不明，"颜色革命"或卷土重来，未来十几年政权模式和对外政策可能会有较大摇摆；

俄罗斯受西方制裁和油价暴跌影响，卢布汇率波动剧烈，经贸投资面临很高不确定性；越南2014年上半年发生以排华为主、针对外国投资者和企业的打砸抢烧暴力事件，震惊国际社会。由于沿线各国在政治体制、法律体系、民族宗教和社会文化方面差异过大，中资企业往往面临很高的进入门槛和适应成本。

四是恐怖主义活动等非传统安全风险高发。沿线国家反恐形势严峻复杂：西亚、中东地区历来为恐怖主义孳生温床，"伊斯兰国"等恐怖组织在叙利亚、伊拉克等国境内蔓延，并持续向周边渗透；中亚和南亚部分地区暴力恐怖主义、民族分裂主义和宗教极端主义三股势力合流，对我国西北地区稳定构成严峻挑战；东南亚的缅甸、菲律宾、印尼、泰国等在不同程度上均面临恐怖主义和国内分裂势力的困扰。海上通道安全形势不容乐观：中国主要海运线路均位于海盗多发区，海盗袭击已对中国海运及远洋渔业造成一定影响；特别是主要石油进口线路印度洋—马六甲海峡—中国南海一线，海盗猖獗，面临严重安全威胁。跨国犯罪也值得警惕：金三角、金新月地区的毒品问题，有可能伴随区域联通的增强，在"一带一路"沿线快速渗透。

4 中国为推动"一带一路"需加强哪些领域？

在推动"一带一路"建设中，中国存在以下短板，需进一步补强：

一是加强国际国内资源统筹，尽快落实顶层设计。当前"一带一路"迎来良好开局，《推动共建丝绸之路经济带和21世纪海上丝绸之路的愿景与行动》正式在博鳌亚洲论坛上发布，成为地区合作、规划对接的指导性文件，但愿景到落实尚有很长距离。面对亚洲庞大的基础设施建设需求，仅凭中国一国之力难以满足，必须借助多边合作机制撬动更多力量，吸引更多国家、地区以及资本投入，共担风险，避免"搭便车"行为出现。从国内看，"一带一路"已成为地方政府拉动投资、上马项目的重要由头，各地都有自己的"小算盘"，希望借此把地方项目塞进国家规划，将地方发展与国家战略捆绑，争抢项目、无序竞争的苗头初显。国家应尽快落实总体规划，明确推进原则、思路、主要任务、空间布局、国内相关区域定位以及保障措施，以指导部门、地区和企业行为，避免无序和重复建设。

二是与沿线及利益相关国家充分沟通，增信释疑，做好国际推介。"一带一路"倡议尽管得到沿线国家广泛支持，但区域内外大国如俄罗斯、印度、美国、日本仍不乏怀疑声音，将共同利益建设视为大国势力争夺，对中国战略疑虑上升。对此，应加快构建相适应的话语体系，阐释倡议内涵，突出"一带一路"和平、包容、共赢的发展理念，强调政治上相互信任尊重，经济上平等互利共赢；积极对接现有区域合作机制，兼容并蓄，突出合作对象开放性与合作方式多元化；扩大与各方的利益汇合点，与沿线各国企业、西方企业以及相关国际机构合作开发，构建多方利益共同体；加强统筹协调，帮助企业走出去，同时引导其按照市场规则守法诚信经营，强化企业社会责任和可持续发展意识，树立良好的企业和公民形象。

三是对外援助投资要严格论证，把控风险。沿线国家经济发展相对落后，援助投资空间巨大，但往往也存在经济波动剧烈、政策风险高企等不利挑战，资产安全风险凸显。对此，应尽快形成官方海外发展援助机制（ODA），严格遵循国际通行规则，对发展援助特别是基建项目投资进行可行性论证，考虑可承受能力，防止出现后续"无底洞"效应。

5 当前互联互通已取得哪些早期收获？

互联互通由三方面组成：基础设施的连接，包括交通、电力、电信、能源等；机制的对接，包括贸易的自由化和便利化、投资与服务的自由化和便利化、跨境手续简化、多边认证协定、能力建设项目、区域运输协定等；人文的连接，包括教育、旅游和文化交流等。

各国普遍将基础设施列为优先领域和重点项目，积极开展交通运输、能源等方面合作，夯实互联互通的基础。中国积极开展亚洲公路网、泛亚铁路网的规划和建设，与中亚、南亚及东南亚国家开通公路13条、铁路8条。目前泛亚铁路中、老、泰、马境内部分路段已贯通，渝新欧铁路、中哈霍尔果斯—阿腾科里铁路已通车运营。大湄公河"三纵两横"通道建设取得积极成果，广西、云南对东南亚、南亚相关国家一类口岸的公路实现了高等级化。中吉乌公路、中尼公路和沙拉公路、瓜达尔港—喀什的公路和铁路等已经建成或启动修建。中国与周边国家建成18条跨国输电通道。中哈原油管道全线通油后，中国—中亚天然气管道、中俄原油管道、中缅油气管道等也先后建成运营。此外，大湄公河次区域信息高速公路建设取得阶段性成果，欧亚数字丝绸之路也正在酝酿规划中。

贸易和投资自由化、便利化是互联互通的重要内容。沿线国家和地区中，中国与巴基斯坦、新加坡、新西兰、东盟达成自由贸易协定。当前中澳自由贸易协定也已正式签署，中国—东盟自由贸易区升级版、中国—斯里兰卡自由贸易区谈判正迈入关键时刻，中国—海合会自由贸易区、区域全面经济合作伙伴关系协定（RCEP）等谈判都在稳步推进中。中国同时积极推动区域经济合作，与"一带一路"沿线国家一道积极规划中蒙俄、新亚欧大陆桥、中国—中亚—西亚、中国—中南半岛、中巴、孟中印缅等六大经济走廊建设。

互联互通推进过程中，一些重要的交流平台逐渐形成，如博鳌亚洲论坛、中国—东盟博览会等。中国与东盟启动了"双十万学生流动计划"，在周边多国建立了孔子学院或中国文化中心。2012年，中国与东盟间人员往返1500万人次，每周1000多个航班。

6 中国—中亚现有合作机制如何与"一带一路"对接？

中亚地处亚洲中心，扼守欧亚陆路通道，是丝绸之路经济带的核心地区。在中亚国家现有合作机制中，上海合作组织（以下简称上合组织）完成了区域经济合作的法制化和机制化建设，形成了相对成熟的政治、经济、安全合作平台，是中国与中亚国家最重要的多边协调机制，可与"一带一路"对接，相辅相成。

首先，上合组织可助"一带一路"减少安全风险。21世纪以来，中亚局势持续动荡，三股势力兴风作浪，严重威胁中亚和中国西部安全与稳定，成为双方经贸往来的突出风险。上合组织近年来深化地区安全领域合作，建立了双边、多边合作机制，取得了丰硕成果。可通过上合组织安全合作框架，保障"一带一路"相关项目免受地区不稳定因素滋扰。

其次，"一带一路"可充分借鉴上合组织经验与成果。上合组织成立了实业家委员会与银行间联合体等机制安排，并大力推动地方政府、智库、企业间合作，为框架内经贸合作与资源有效利用提供了有力支撑。"一带一路"可借鉴其经验，创建更灵活的沟通渠道和合作方式。上合组织还签署了多项经贸合作协议，在能源资源开发、农业合作、金融合作、交通运输网建设等方面取得了较大进展。可以此为基础，打造"一带一路"建设示范区。

最后，不应将"一带一路"与上合组织在中亚的角色混为一谈。与上合组织相比，"一带一路"着眼长远，覆盖范围广，合作方式更为灵活。上合组织成员国参与"一带一路"建设，是基于其战略利益的国家行为。在选择参与的领域、方式、程度时，其决定应得到尊重。上合组织与"一带一路"应在彼此独立、互不制约的基础上探索合作空间。

此外，中国与中亚五国均建立了副部级经贸磋商机制——经贸合作委员会，共同建立了中国—中亚合作论坛。亚洲开发银行倡导的中亚区域经济合作机制（CAREC）在推进经济合作议程的实施方面，也走在其他地区多边经济组织前面。这些都可融入"一带一路"，作为协商合作的重要平台。

7 "一带一路"下中阿经贸合作有何规划？

阿拉伯国家是丝绸之路经济带和21世纪海上丝绸之路的西端交汇地区，是中国建设"一带一路"的天然和重要合作伙伴。

中阿共建"一带一路"，从顶层设计来看，是构建"1+2+3"的合作格局。"1"是指以能源合作为主轴，深化油气领域全产业链合作，维护能源运输通道安全，构建互惠互利、安全可靠、长期友好的能源战略合作关系;"2"是指以基础设施建设、贸易和投资便利化为两翼,加强中阿在重大发展项目、标志性民生项目上的合作,为促进双边贸易和投资建立相关制度性安排。中方将鼓励中国企业自阿方进口更多非石油产品,优化贸易结构,争取中阿贸易额在未来10年增至6000亿美元;鼓励中国企业投资阿能源、石化、农业、制造业、服务业等领域,争取中国对阿非金融类投资存量在未来10年增至600亿美元以上;"3"是指以核能、航天卫星、新能源三大高新领域为新突破口,利用阿大国普遍将高新领域竞争作为崛起发力点的特点,深挖中阿高新领域合作潜力,为中阿务实合作打造新增长点。

中阿经贸合作起步阶段确定6个早期收获项目,即中国—海合会自由贸易区、中国—阿联酋共同投资基金、推动阿拉伯国家向亚投行注资、中阿合作发射阿尔及利亚1号通信卫星系统、亚丁港改扩建工程和阿布扎比陆上石油区块,争取成熟一项实现一项,形成引领和示范效应。目前,科威特、阿曼、卡塔尔、约旦、沙特阿拉伯、阿联酋、埃及等阿拉伯国家已成为亚投行意向创始成员国。4个远期规划项目,即沙特阿拉伯核能和可再生城、半岛铁路网、苏伊士运河经济走廊及中国北斗卫星导航系统落地阿拉伯项目。合作过程中,双方将用足中阿合作论坛及其框架内的经贸、能源等务实合作机制,用活中国—海合会战略对话平台,为"一带一路"建设服务。

8 "一带一路"下中俄经贸合作前景如何？

中俄两国政治上高度互信，经济上互补性强，且俄将加快西伯利亚和远东发展定位为21世纪优先发展方向，正力推欧亚经济联盟建设，与中国"一带一路"契合，两国经贸合作具有广阔前景。

第一，互联互通领域。中俄正积极开展桥梁、海港、铁路等基础设施建设合作，推动建立中俄和欧亚战略运输通道。2014年2月，同江跨界铁路桥举行奠基仪式，建成后将推动中国东北地区与俄远东地区贸易与人员往来。5月，中俄签署联合建造扎鲁比诺大型海港框架协议，推动海上运输通道建设。10月，中俄决定研究莫斯科至北京的欧亚高速铁路运输走廊计划，提高两国间铁路通行能力。另外，俄远东开发已进入实质性阶段，公路、铁路、海港、航空港等基础设施建设和改造需求巨大，为双方增添更多合作契机。

第二，能源领域。中俄在能源供求方面的互补性不断深化。2014年5月，中俄签署协议，俄每年通过东线管道对华供气380亿立方米。11月，双方又签署西线供气框架协议，未来年供气规模将达300亿立方米，能源合作呈现东西线并举、上下游协调推进的局面。中俄还在能源投资、开发、加工和销售等领域进行深度合作，力图推动能源装备研发技术交流与生产合作，巩固中俄全面能源合作伙伴关系。

第三，农业领域。中国是世界粮食生产和消费大国，正在加速推进工业化、城镇化，耕地、水等农业生产基本资源短缺矛盾突出。俄农业土地资源丰富，且自然条件、气候条件与中国相近，成为中国农业走出去的良好选择。加强对华合作，也可缓解俄农业劳动力匮乏的现状。此外，中俄在农机、化肥、饲料等农业生产资料方面有很强互补性，农业科技研究也各具优势，具有广阔的合作空间。

第四，金融领域。近年来，在能源、基础设施建设等一系列大项目的带动下，中俄金融合作迅速成为两国高水平合作的重要组成部分。2014年9月，中俄达成协议，将以人民币和卢布进行更多双边贸易结算。10月，两国央行签署1500亿元人民币额度的双边本币互换协议。2015年3月，莫斯科交易所启动人民币/卢布期货交易。2015年以来，中国国家开发银行、中国进出口银行与俄联邦储蓄银行、外贸银行、对外经济银行等多家金融机构签署贷款协议，为俄建设项目引入人民币贷款。未来随着中俄双边贸易不断扩展，将涌现更多金融合作需求。丝路基金、亚投行、上合组织银联体、金砖国家新开发银行和应急储备安排等平台也将为中俄金融合作提供更多机遇。

9 "一带一路"下中国与南亚合作如何加强？

作为"一带一路"的重要枢纽，南亚与中国地理相邻，人口众多，市场需求多样，经济结构互补性强，经贸合作前景看好。"一带一路"下，双方应优化经贸环境，加强协作，推动区域经济合作迈上新台阶。

第一，借鉴现有合作机制，将"一带一路"与南亚国家发展战略深入对接。中国应充分利用南亚区域合作联盟（以下简称南盟）观察员国地位，主动结合南盟自身的"优先领域和议程"，推动南盟框架内中国与南亚政治沟通与经贸合作。充分发挥中国—南亚博览会、中国—南亚智库论坛等平台作用，加强双方政、商、学界对话与往来。同时，充分挖掘中巴经济走廊、孟中印缅经济走廊与南亚各国发展战略的对接合作空间，尽力化解印度等国的政治疑虑，促进双方共同发展。

第二，优化贸易投资环境。相较于东盟和上合组织成员国，南亚国家与中国金融联系较弱，中资金融机构在南亚分支机构不多，而"一带一路"基础设施建设、贸易投资等方面皆需强大的金融支撑。应促进与南亚地区金融服务跨境合作，并通过亚投行、丝路基金等机制提供融资支持。同时，加快中国—巴基斯坦自由贸易协定第二阶段、中国—斯里兰卡自由贸易协定以及中国—印度区域贸易安排等谈判、研究进程,进一步强化双方贸易和投资便利化措施,减少或消除贸易壁垒。

第三,注重人文交流。应充分宣扬中国与南亚的文明底蕴与传统友谊,积极促进民间友好组织、智库、青年妇女团体等建立更密切的交流机制,加强汉语教学和新闻媒体交流合作,鼓励双边旅游业发展,为推进"一带一路"奠定良好人文基础。

10 "一带一路"下中国与东盟关系如何升级?

东盟是海上丝绸之路必经之地,也是建设21世纪海上丝绸之路的重点地区,近年来与中国经贸联系越发紧密。推动中国与东盟关系升级,应从以下几方面入手:

第一,深化政治互信。在《东南亚友好合作条约》《南海各方行为宣言》和《中国—东盟国家友好合作条约》等框架下,夯实中国—东盟战略伙伴关系,通过领导人互访、"10+1"峰会、中国—东盟博览会、博鳌亚洲论坛年会以及大湄公河次区域领导人会议等机制,增进彼此理解,促进各领域合作。

第二,加强经贸合作。中国—东盟自由贸易区尚处初级阶段,区内贸易量高速扩张的同时,结构仍以产业内贸易为主,原材料和零部件占很大比例。应推动自由贸易区升级版谈判尽快取得成果,进一步开放市场,降低关税,促进双方贸易和投资合作。推广中马"两国双园"（中马钦州产业园区和马中关丹产业园区）合作模式，推进中越、中泰、中印尼等跨境经济合作区和合作产业园建设。

第三，促进互联互通建设。加强21世纪海上丝绸之路东南亚地区关键通道、关键节点和重点工程规划，着力构建海运水运网、高速公路网、高速铁路网、航空网、通信光缆网，打造安全高效的综合联通网络。加快建设中国—东盟港口城市合作网络和港口物流信息公共平台，积极推动亚投行为东南亚地区解决基础设施建设融资瓶颈，增强双方金融服务跨境合作。

第四，开展海上合作。充分利用中国—东盟海上合作基金，建设中国—东盟海洋经济合作试验区，提高海上物流信息化合作水平，努力维护海上航行安全，加强海上搜救合作，防止海洋环境污染，提高海上突发事件应急处置能力。努力使海上合作成为中国—东盟关系发展的新亮点、新动力，为沿线各国共建海上丝绸之路积累经验。

第五，增进人文交流。进一步密切与东盟各国人文领域交流，与东盟国家互办文化艺术节、文化年，建设中国—东盟文化交流中心，实施中国—东盟政商领袖培育工程，推动建设泛北部湾和海上丝绸之路旅游圈。

11 "一带一路"下中国与中东欧合作如何推进？

"一带一路"下，中国与中东欧关系将从五个方面同时推进。

一是打造中国与中东欧合作新亮点。中东欧国家经济基础扎实，自然资源禀赋好，科技教育水平高。中国市场巨大，工业尤其是装备制造业体系完备，资金充足。双方将实现优势互补，产业对接，共同发展。在制定《中国—中东欧国家中期合作规划》的基础上，以基础设施建设为牵引，以产能合作为抓手，以金融合作为支撑，充分照顾各方关切，推动合作不断取得新进展。

二是构建互联互通新走廊。中东欧国家拥有天然良港，将现有海港与铁路、公路等交通干线相连接，可以发挥巨大的综合效应。如依托巴尔干半岛上一些海港和陆上交通干线，构建中欧陆海快线，将大幅缩短中欧间运输距离，降低国际贸易物流成本。中、匈、塞三国已达成协议，合作建设匈塞铁路。

三是拓展产业合作新空间。中国与中东欧国家在高铁、核电、电信等方面装备技术水平迅速提高，钢铁、水泥、平板玻璃等领域合作前景广阔。双方将进一步推动共建工业和技术园区。目前，匈牙利境内中欧商贸物流园区和万华工业园区已初具雏形。保加利亚、捷克、克罗地亚、罗马尼亚、塞尔维亚、斯洛伐克、斯洛文尼亚等国也提出建立各类产业园区的愿望。

四是搭建投融资协作新框架。建立中国—中东欧协同投融资合作框架。鼓励中东欧国家继续充分利用100亿美元专项贷款，中方将根据项目情况，提高贷款优惠力度，降低融资成本,并适时扩大贷款规模。鼓励中资企业和金融机构积极参与中东欧国家的PPP合作和私有化进程。中国将启动第二期10亿美元的中国—中东欧投资合作基金,支持对中东欧投资项目。欢迎中东欧国家企业及金融机构在华发行人民币债券,探索设立人民币中东欧合作基金。

五是扩大人文交流新领域。加强科技、文化、卫生、青年、妇女、媒体等领域交流,支持组建学者智库中心。扩大教育交流,为双方合作培养更多国际化人才。发挥好中国—中东欧国家合作秘书处的作用,大力支持专门联合会等机制平台建设,促进各领域合作齐头并进、百花齐放。

目前,中国与匈牙利已签署《中华人民共和国政府和匈牙利政府关于共同推进丝绸之路经济带和21世纪海上丝绸之路建设的谅解备忘录》。这是中国同欧洲国家签署的第一份以"一带一路"为关键词的合作文件。首届中国—中东欧国家贸易投资博览会、第二届中国—中东欧国家教育合作交流会在宁波举行。中国—中东欧国家教育联盟有望于2016年成立。未来,中国与中东欧国家在"一带一路"下的合作有望循政策沟通、设施联通、贸易畅通、资金融通、民心相通五大领域逐步推开,实现共同发展、共同繁荣。

12 "一带一路"下中国与西欧合作重点领域有哪些?

欧亚大陆是全球面积最大、人口最多的大陆,也是历史悠久、文化丰富的大陆。中欧经贸关系则是世界上规模最大、最具活力的经贸关系之一。长期以来，中欧双向贸易和投资成为促进各自经济发展和创新的主要动力。目前中国发布"一带一路"愿景与行动，欧盟推出旨在促进增长和就业的"欧洲投资计划"，这为双方加强深层次交流，不断挖掘互利共赢的合作潜力，实现多层次的创造、创业与创新提供了契机。在"一带一路"下，中国与欧盟尤其是西欧各国加强合作，重点领域包括：

贸易和投资方面，努力达成中欧全面投资协定，包括投资保护和市场准入。这将有助于提升投资自由化水平，为双方投资者进入各自市场消除投资限制，营造更为简单、安全的法律环境，为投资提供有力保护。充分利用现有双边机制，加强沟通，在处理双边重大贸易摩擦中，寻求互利的解决办法。着力降低中欧经贸往来的交易成本，重点加强双方在知识产权边境执法、供应链安全、打击商业瞒骗、贸易便利化和外贸统计等方面的合作。

金融方面，发挥中欧双边本币互换安排的作用，促进人民币在跨境贸易和投资中的使用，促进中欧贸易和投资便利化，维护金融稳定。探索金融合作创新模式，改善企业特别是中小企业融资，充分发挥金融机构多元化金融服务优势。

交通和基础设施方面，加强民航以及智能、高端、互联互通基础设施网络合作。扩大在欧亚供应链物流网络兼容、海上运输市场和航线、铁路服务、物流、交通安全、能源效率等方面的合作。积极探讨中欧基础设施建设合作方式，如项目债券、项目持股、联合承包和联合融资等，统筹中国与欧盟及其成员国在上述领域的合作。

13 "一带一路"下中国与非洲合作如何升级？

目前，埃及作为"一带一路"沿线国家，是中国与非洲合作的桥头堡。埃及地处亚非欧三大洲交汇处，区位优势突出，其在西亚北非地区的重要位置，有助于协调并推动中国与中东及非洲国家的合作、交流。非洲是中国"一带一路"可能的战略延伸区域。以加强中埃合作为开端，在"一带一路"视野下，以"真、实、亲、诚"总原则为指导加强中非合作尤为重要。

一是加强经济合作，授人以渔，共同促进包容性增长。既把基础设施建设放在中非合作的重要位置，也注重绿色低碳领域的合作，同时更加重视发展质量与民生福祉。中国的先进适用技术和管理经验，可毫无保留地与非洲国家分享；中方参与建设及运营的所有项目，都可采取与非洲合资或合作的方式。在"非洲需要、非洲同意、非洲参与"的原则下，探讨在非洲开展三方和多方合作，共同为非洲发展建设作出贡献。

二是促进非洲基础设施提升。中国将与非洲国家开展高铁规划、设计、装备、建设和管理等全方位合作，在非洲设立高铁研发中心,助力非洲铁路的"世纪工程"建设。支持非洲建立高速公路网。倡议实施"中非区域航空合作计划",贡献机场建设和管理等方面的能力与经验,通过建立合资航空公司、提供民用支线客机、培训航空专业人才和建设配套保障设施等方式,推动非洲国家航空业发展。

三是加大援非力度。中国将在力所能及的范围内继续扩大对非援助规模,提高援助质量。将中国一半以上的对外援助用于非洲,重点放在非洲亟需的减贫、农业、卫生、清洁用水、防灾减灾等领域,帮助非洲解决更多的民生问题。继续向非洲派遣医疗队,深入医院和乡村。中国的所有援助,不附加任何政治条件,不干涉非洲国家内政,不提强人所难的要求。

14 "一带一路"与中国国内发展规划如何对接?

推进"一带一路"建设,中国将充分发挥国内各地区比较优势,实行更积极主动的开放战略,加强东中西互动合作,全面提升开放型经济水平。

新疆宜发挥区位优势,强化向西开放重要窗口作用,深化与中亚、南亚、西亚等国交流合作,打造丝绸之路经济带核心区。陕西、甘肃、宁夏、青海可综合经济文化和民族人文优势,形成面向中亚、南亚和西亚国家的通道、商贸物流枢纽、重要产业和人文交流基地,如西安打造内陆型改革开放新高地,兰州、西宁加快开放开发,宁夏推进内陆开放型经济试验区建设。西藏应加强与尼泊尔等国边境贸易和旅游文化合作。内蒙古、黑龙江、吉林、辽宁宜积极建设向北开放的重要窗口。广西宜发挥与东盟国家陆海相邻的独特优势,加快北部湾经济区和珠江—西江经济带开放发展,打造西南、中南地区开放发展新的战略支点,形成21世纪海上丝绸之路与丝绸之路经济带有机衔接的重要门户。云南应发挥区位优势,打造大湄公河次区域经济合作新高地,建设成为面向南亚和东南亚的辐射中心。

上海、浙江、福建、广东、海南、山东等省市应利用长三角、珠三角、海峡西岸、环渤海等经济区开放程度高、经济实力强、辐射带动作用大的优势,加快推进中国(上海)自由贸易试验区建设,支持福建建设21世纪海上丝绸之路核心区。推进浙江海洋经济发展示范区、福建海峡蓝色经济试验区和舟山群岛新区建设,加大海南国际旅游岛开发开放力度。充分发挥深圳前海、广州南沙、珠海横琴、福建平潭等开放合作区作用,深化与港澳台合作,打造粤港澳大湾区。

内陆省份应用好地理纵深广阔、人力资源丰富、产业基础较好的优势,推动区域互动合作和产业集聚发展。开展跨境贸易电子商务服务试点,优化海关特殊监管区域布局,创新加工贸易模式,深化与沿线国家的产业合作。

15 "一带一路"较美"新丝绸之路"有何竞争优势？

2011年7月，时任美国国务卿希拉里·克林顿在印度参加第二次美印战略对话期间，首次明确提出"新丝绸之路"计划。主要目标是利用阿富汗优越的地理位置，将其打造成地区交通贸易枢纽，通过推动中亚、南亚的经济一体化和跨地区贸易，使阿富汗在美国撤军后，实现国民经济的可持续发展和社会的平稳过渡。"新丝绸之路"的战略出发点是巩固阿富汗战果，以长期稳定的经济战略取代短期的军事、安全战略，反映了新形势下美国对阿富汗及中亚政策的调整。"新丝绸之路"带有强烈的意识形态色彩，以美国国家利益为主导，地区认可度不足。加之美国与阿富汗周边国家以及这些国家之间关系时紧时缓，"新丝绸之路"难获所有对象国支持。

中国提出的"一带一路"与美国的"新丝绸之路"有重叠之处，但辐射范围更广，是涉及东南亚、中亚、西亚和北非的区域合作大联盟；按照各国和地区的实际发展情况，建立双边或多边自由贸易和区域合作构想，尊重各国政治与经济制度，求同存异，不带意识形态色彩；注重依靠区域主体自身的文明特点、发展特征、资源和制度禀赋形成发展合力，以实现"合作导向的一体化"；强调利益的包容性，不针对任何第三方，不搞排他性制度设计，摒弃大国主导，也因此具有更坚实的合作基础和更高的地区认可度。此外，"一带一路"制度设计更合理，由点及面、从线到片的布局规划符合地区发展实际；软件建设与硬件建设相辅相成，消除贸易壁垒与加强金融制度建设相得益彰，经济交往与民心交流并行不悖。

16 "一带一路"与俄罗斯主导的欧亚经济联盟竞合关系怎样？

2015年1月1日，俄罗斯主导的独联体内经济一体化项目——欧亚经济联盟正式启动，成员国包括俄罗斯、白俄罗斯和哈萨克斯坦三国。同年1月2日和5月1日，亚美尼亚和吉尔吉斯斯坦也先后"加盟"。俄罗斯和中亚国家是推进"一带一路"尤其是丝绸之路经济带建设不可或缺的重要一环。处理好与俄罗斯主导的欧亚经济联盟关系，共同推进地区合作，将成为影响"一带一路"建设的重要因素之一。

丝绸之路经济带由中国倡议，欧亚经济联盟由俄罗斯主导，客观上会形成竞争之势。俄罗斯对丝绸之路经济带构想所持的态度，势必影响到欧亚经济联盟成员国的参与意愿。从实质看，丝绸之路经济带与欧亚经济联盟对接是中俄关系在地区合作层面的延伸，只要中俄两国能够合作，丝绸之路经济带和欧亚经济联盟就能找到契合点。

俄罗斯意识到，丝绸之路经济带对欧亚大陆各国具有吸引力。2014年2月6日，习近平主席出席索契冬奥会开幕式，俄方首次公开表示积极响应中方建设丝绸之路经济带和海上丝绸之路的倡议，愿将俄方跨欧亚铁路与"一带一路"对接，创造出更大效益。5月20—21日，俄总统普京对华进行国事访问并出席亚信上海峰会。期间两国元首提出，双方将寻找丝绸之路经济带项目和欧亚经济联盟之间可行的契合点。

2015年，"一带一路"与欧亚经济联盟的对接取得重大进展。5月8—10日国家主席习近平访俄期间，两国元首签署了关于丝绸之路经济带建设与欧亚经济联盟建设对接合作的联合声明。中国商务部与欧亚经济委员会签署关于启动中国与欧亚经济联盟经贸合作伙伴协定的联合声明。双方还就莫斯科—喀山高铁项目投融资模式签订了谅解备忘录，该项目对于丝绸之路经济带和欧亚高速运输走廊建设的意义重大。俄总统普京认为，丝绸之路经济带建设与欧亚经济联盟建设的对接，将在整个欧亚大陆上建起共同的经济空间。欧亚经济联盟贸易委员斯列普涅夫表示，中国是世界上最主要的经济体之一，欧亚经济一体化必须与中国紧密合作，这有利于欧亚国家尽快融入亚太经济圈。俄学者表示，欧亚经济联盟最大的贸易伙伴是中国，联盟的发展离不开中国，相信中国的参与将为欧亚经济联盟发展带来更多机遇。

中亚国家也表示将兼顾好"一带一路"与欧亚经济联盟。2014年12月，吉尔吉斯斯坦总统阿坦巴耶夫表示，吉加入欧亚经济联盟不会影响对华经贸关系，吉还将全力支持中国提出的共建丝绸之路经济带倡议。同月，欧亚经济委员会召开最高理事会会议，与会各国领导人认为，中国同欧亚经济联盟的关系今后将进一步巩固。

　　实现丝绸之路经济带项目与欧亚经济联盟的对接需要借助已有的机制和合作平台，上合组织应是理想的选择。俄总统普京曾明确表示，"建立上合组织与欧亚经济共同体，以及未来与欧亚经济联盟的合作是一个全新的且非常具有发展前景的工作方向。我相信，这些组织的活动能够相互补充、相得益彰。"从现有基础看，丝绸之路经济带与欧亚经济联盟可将互联互通、电力、农业和金融作为重点方向，开展项目优先合作。

项目篇

1　21世纪海上丝绸之路有哪些战略支点？

海上战略支点有广义和狭义之分。广义上讲，是指战略位置重要、与中国政治外交关系稳定、安全上不倒向第三方的沿线国家，也称为"支点国家"。国内学者对"支点国家"的标准一般有：地缘位置重要；区域或次区域大国，能发挥一定影响力；有战略自主性，不完全追随美国；与中国有战略合作共识，利益攸关性强。狭义上讲，是指战略位置重要、所在国与中国关系密切、可为中国提供海外利益保障、且中国已有一定经营基础的沿线港口。国际舆论炒作比较多的所谓"中国珍珠链战略"，主要指中国通过援建巴基斯坦瓜达尔港、缅甸皎漂港、斯里兰卡汉班托特及科伦坡港等，构筑通往印度洋的"海上珍珠链"。

海上战略支点建设对保障21世纪海上丝绸之路的安全、顺畅与繁荣至关重要。中国90%的对外贸易都需经过海上通道，尤其是原油、铁矿石、铜矿石、煤炭等能源资源进口严重依赖海运。21世纪海上丝绸之路的重要目的是构建共商、共建、共享的和平与繁荣之路，这离不开安全顺畅的海上通道，也离不开可靠、安全、重要的战略支点。不过，中国官方文件并未明确提及海上丝绸之路的战略支点问题，而是选择"节点"来代替"支点"，以更好地体现强调共商、共建、共享、合作、和平、繁荣的本意。2015年3月发布的《推动共建丝绸之路经济带和21世纪海上丝绸之路的愿景与行动》提出,"海上以重点港口为节点,共同建设通畅安全高效的运输大通道。"文件中的"节点"与地缘政治学中的"支点"内涵相同,21世纪海上丝绸之路的战略支点主要是狭义概念上的港口。

中国打造海上战略支点的目标,是要使之成为21世纪海上丝绸之路的示范基地和骨架支撑。所谓示范基地,就是政府搭台、企业唱戏,鼓励国内有实力的企业走出去,积极参与沿线重要商港和临港产业园建设,提高中方投资对当地的社会价值,使之成为海洋合作的示范点。所谓骨架支撑,是要结合远洋渔业、商船补给等需要,推动建立海外合作中心和综合保障基地,使之成为串联海上丝绸之路的联通纽带。

2 中蒙俄经济走廊的建设前景如何?

2014年9月11日,国家主席习近平在杜尚别举行的中俄蒙元首会晤上,向俄罗斯总统普京和蒙古总统额勒贝格道尔吉提出,"中俄蒙三国发展战略高度契合。中方提出共建丝绸之路经济带倡议,获得俄方、蒙方积极响应。三方可以把丝绸之路经济带同俄罗斯跨欧亚大铁路、蒙古国草原之路倡议进行对接,打造中蒙俄经济走廊,加强铁路、公路等互联互通建设,推进通关和运输便利化,促进过境运输合作,研究三方跨境输电网建设,开展旅游、智库、媒体、环保、减灾救灾等领域务实合作。"习主席的倡议获得俄、蒙两国总统高度认可和积极响应。普京强调,"三方要把各自发展计划结合起来,在能矿、交通基础设施建设等领域建立长期稳定合作关系。"额勒贝格道尔吉表示,"蒙方希望加强同中、俄的合作,拉动交通基础设施互联互通和跨境运输。"会晤决定责成各自有关部门落实三国元首达成的共识,建立三国副外长级磋商机制,统筹推进三国合作。

国家发改委相关文件显示,中蒙俄经济走廊分为两条路线:从华北京津冀地区到呼和浩特,再到蒙古和俄罗斯;东北地区从大连、沈阳、长春、哈尔滨到满洲里和俄罗斯的赤塔。两条走廊互动互补,形成一个新的开放开发经济带,统称为中蒙俄经济走廊。中蒙俄经济走廊建设有利于三国开展能源与资源开发合作,加快商品、人员和资金流动,更好地促进沿边开发开放、推动区域整合。

推进中蒙俄经济走廊建设的基础在于三国经济具有高度互补性。中国是全球第一制造业大国、唯一拥有联合国产业分类所有工业门类的国家,资本积累充裕,基础设施良好。发展南南合作、与俄蒙等资源出口国建立紧密经贸联系,不仅能获取更稳定的原料和能源供给,还能在增长最快的销售和投资市场立足。俄、蒙拥有丰富的自然资源,希望与东亚等新兴工业化经济体发展经贸合作,开辟更大出口市场。目前,建设中蒙俄经济走廊的主要困难之一是俄蒙基础设施建设严重滞后。应将推进基础设施互联互通作为首要任务,通过缩短运输时间和距离来降低运输成本,这不仅有利于提升俄蒙两国产品的国际竞争力，更能扫清俄蒙深化对华经贸合作的硬件障碍，为后续在走廊沿线建设相关产业集聚区奠定基础。

3 新亚欧大陆桥建设进展如何？

新亚欧大陆桥又名"第二亚欧大陆桥"，东起中国连云港、日照等港口城市，西至荷兰鹿特丹、比利时安特卫普等欧洲口岸，全长10900多公里，辐射世界30多个国家和地区，是横跨亚欧两大洲、连接太平洋和大西洋、实现海—陆—海统一运输的国际大通道。由于其是继西伯利亚大陆桥之后连接亚欧的第二座大陆桥，故称新亚欧大陆桥。

与西伯利亚大陆桥相比，新亚欧大陆桥的优势在于：地理位置和气候条件更加优越，港口无封冻期，吞吐能力大；陆上距离更短，经济成本优势更加明显；辐射面更广，能较好地连接东亚和欧洲两大经济板块。2000年，中国政府专门成立"新亚欧大陆桥国际协调机制"，商务部牵头，共有16家国务院直属部委成员单位。

自1992年开通以来，新亚欧大陆桥已运营逾20年并取得了显著成就。一是沿桥联运技术逐步完善，畅通了亚欧货运通道。目前，中国境内已形成东以连云港为主，北有青岛、天津、大连，南有上海、宁波、广州，西有阿拉山口、满洲里等多个桥头堡、多口岸组成的陆桥通道。2012年12月，新亚欧大陆桥中国段（连云港—阿拉山口）全长

4100公里的铁路线全部实现电气化。2013年1月，兰新铁路红（红柳河）乌（乌鲁木齐）段通过铁道部质量检测试验。另外，还先后开行多趟直通欧洲的集装箱试验班列。如2011年开行的"渝新欧"班列已基本实现常态化运行。2013年7月，首列郑州—汉堡集装箱国际直达班列（郑欧班列）启程，途经哈萨克斯坦、俄罗斯、白俄罗斯、波兰、德国，总里程10214公里，用时16—18天。同年11月，"长安号"国际货运班列正式开通，分"一干两支"三条线路："一干"为西安—鹿特丹，全长9850公里；"两支"分别为西安—莫斯科（全长7251公里）和西安—阿拉木图/热姆（全长3866/5027公里）。同月，广东—新疆—俄罗斯国际货物快运班列首发，打通了从珠三角地区直达中亚和欧洲地区的快速物流通道，运输时间从原来的35天缩短至15天。

二是沿线国际交流合作进一步加深。2011年，中哈在霍尔果斯成立国际边境合作中心。2013年3月第四届欧亚铁路货运大会（IRFC）在捷克举行，国际铁路联盟等组织及欧亚31国出席会议，重点探讨国际组织在发展欧亚货运中的角色、亚欧铁路货运战略方向等议题。同年9月，连云港市政府与哈萨克斯坦国有铁路股份公司正式签订项目合作协议，承诺进一步深化合作，共同构建通过连云港的过境货物运输通道及货物中转分拨基地。同月，第三届中国—亚欧博览会暨中国—亚欧经济发展合作论坛在乌鲁木齐开幕。11月，第二届新丝绸之路国际运输物流商务论坛在哈萨克斯坦开幕，旨在搭建信息平台、分享各国运输业发展经验、链接全球交通物流企业并促进物流资源整合，实现共享多赢。

4 中国—中亚—西亚经济走廊的建设前景如何？

中国—中亚—西亚经济走廊是一条从新疆出发，国内部分与新亚欧大陆桥重叠，从阿拉山口—霍尔果斯出中国国境后，穿过哈萨克斯坦、乌兹别克斯坦、吉尔吉斯斯坦、塔吉克斯坦、土库曼斯坦、伊朗、伊拉克、沙特阿拉伯和土耳其等中西亚国家，抵达波斯湾、地中海沿岸和阿拉伯半岛的新经济走廊。综合沿线国家合作空间与合作基础，该经济走廊的建设前景可期。

一方面，合作空间大。其一，与新亚欧大陆桥突出铁路交通优势不同，中国—中亚—西亚经济走廊沿线国家自然资源丰富，覆盖世界上最长的天然气通道——中国—中亚天然气管道，是一条特色鲜明的自然资源走廊。其中，中亚油气资源丰富、矿藏种类繁多、储量大。哈萨克斯坦的铬铁矿探明储量居世界第三；乌兹别克斯坦的天然气、黄金和铀矿开采量分别居世界第11、第9和第5位。西亚是世界上石油储量最丰富、产量最大、出口量最多的地区。沙特阿拉伯、伊拉克、伊朗分别是中国第1、第3和第5大原油供应国。中国是世界能源消费大国，与上述国家能源合作空间巨大。其二，中西亚国家水电输送网、交通运输网、通信等基础设施建设普遍处于较低水平，严重制约其经济发展。而中国在基础设施建设方面拥有丰富经验，可通过相关机制为中西亚国家提供资金、技术等方面帮助。

另一方面，合作基础良好。自"一带一路"提出后，中国与中西亚国家在能源、基础设施建设等领域的投资合作不断加深。目前，中国企业在中西亚国家能源、基建方面的项目投资金额超过 240 亿美元。中国已同塔吉克斯坦、哈萨克斯坦、吉尔吉斯斯坦先后签署共建丝绸之路经济带双边合作协议。中国—中亚天然气管道 C 线已通气投产，D 线已开工建设。一批物流合作基地、农产品快速通关通道、边境口岸也相继启动或开通。沙特阿拉伯等国视中国为基础设施建设的良好合作伙伴，期望搭上"一带一路"快车，实现经济多元化和国内基础设施升级改造。

5 什么是中国—中南半岛经济走廊？

中国—中南半岛经济走廊是深化中国与中南半岛互联互通和区域经济合作的重要举措。中国境内以广东、广西、云南等省为主，南下贯穿中南半岛五国（越南、老挝、柬埔寨、泰国和马来西亚），直抵新加坡，以沿线中心城市为依托，以推进基础设施互联互通为重点。

2014 年 12 月大湄公河次区域经济合作第五次领导人会议上，李克强总理发表"携手并创睦邻友好包容发展新局面"的讲话，强调"中南半岛五国是东盟的重要成员，与中国同处澜沧江—湄公河两岸，山水相连，人文相通，经济互补，是中国在东盟近邻中的近邻"，并就深化与中南半岛合作、构建大湄公河流域全面发展伙伴关系新阶段提出五点建议，即深化基础设施领域合作、创新产业合作模式、加强对贸易投资合作的金融支持、推进民生与社会事业发展以及提高地区发展的开放联动水平。这在某种程度上可以理解为推进中国—中南半岛经济走廊的倡议。

2015年3月公布的《推动共建丝绸之路经济带和21世纪海上丝绸之路的愿景与行动》将中国—中南半岛经济走廊列入六大经济走廊之一，取代之前广泛讨论的中国—新加坡经济走廊。同年5月，张高丽副总理在亚欧互联互通产业对话会上表示，"中国正与'一带一路'沿线国家一道，积极规划中蒙俄、新亚欧大陆桥、中国—中亚—西亚、中国—中南半岛、中巴、孟中印缅六大经济走廊建设"，显示中国政府从更广阔视角推进与中南半岛的互联互通。

中国—中南半岛经济走廊建设基础较好：一是地理相邻，经贸联系紧密。正如李克强总理指出，中南半岛是中国在东盟"近邻中的近邻"。2013年，中国与中南半岛贸易额达1500亿美元。未来，随着《区域投资框架执行计划》的推进落实，双方经贸合作必将得到进一步深化。二是产业合作互补性强。中南半岛自然资源和劳动力丰富，但产业基础相对薄弱。中国积极推动先进产能走出去，可利用地理相邻优势，高效推进产业转移与合作。三是互联互通战略有合作基础。中南半岛国家正处于发展关键期,对推进基础设施建设有急切需求,也积极推动泛亚铁路网建设。中国在基础设施建设领域拥有资金、技术和经验优势,也具备与相关国家互联互通的基础。目前,中泰合作建设中的中南半岛首条现代化标准轨道铁路,全部使用中国技术和装备建造。

6 中巴经济走廊进展如何?

2013年5月,李克强总理访问巴基斯坦,提出构建北起新疆喀什、南至瓜达尔港的经济大动脉,即中巴经济走廊。同年底,习近平主席提出"一带一路"倡议,中巴经济走廊作为"一带一路"的有益补充,战略重要性进一步提升。2015年3月,中国政府发布《推动共建丝绸之路经济带和21世纪海上丝绸之路的愿景与行动》,提出"中巴、孟中印缅两个经济走廊与推进'一带一路'建设关联紧密,要进一步推动合作,取得更大进展"。

中巴经济走廊涉及公路、铁路、油气、光纤"四位一体"的基建互联互通,涵盖产业园区、能源合作、人文交流等各领域。预计仅基础设施互联互通领域,工程费用就将达到450亿美元。为更好地落实中巴经济走廊建设,两国政府成立了中巴经济走廊远景规划联合合作委员会(下称"联委会"),负责走廊的规划、落实与监督,由中方发展与改革委员会和巴方计划发展和改革部牵头。中方参与单位有外交部、财政部、交通部、商务部、能源局、铁路局、铁路总公司、新疆自治区政府等,巴方则包括财政和经济事务部、外交部、交通部、铁道部、商务部、港口和航运部等。

联委会工作进展顺利。2013年7月,巴基斯坦总理谢里夫访华,签署《关于开展中巴经济走廊远景规划及行动计划合作的谅解备忘录》。同年8月,联委会首次会议在伊斯兰堡召开,标志着中巴经济走廊机制正式启动。2014年2月,联委会第二次会议在京召开,双方就加强中巴经济走廊的规划编制、优先推进项目以及交通基础设施、能源和信息技术等领域的务实合作取得广泛共识。同年11月巴基斯坦总理谢里夫访华期间,双方签署中巴经济走廊远景规划纲要以及经济、技术、能源、金融、工业园、信息通信等20多项合作文件,明确提出要共同建设好瓜达尔港等重大基础设施项目,加强能源电力项目合作,规划好走廊沿线工业园区建设。2014年12月27日,中巴经济走廊公路建设招标启动,已向包括中国在内的企业进行邀投标,走廊建设有望提速。

中巴经济走廊面临一些客观挑战,包括气候恶劣、电力短缺、政局不稳、安全隐患、巴国内政党围绕走廊利益分配的较量等,但两国政府都高度重视、努力推进。李克强总理称之为"中国同周边互联互通的旗舰项目"。王毅外长称之为"一带一路"交响乐中"第一乐章"。巴方2014年5月发布的《展望2025年巴基斯坦》特别提及,"中巴经济走廊为巴基斯坦提供独特机遇,使巴基斯坦能够与地区发展相整合,成为地区贸易和制造业的中心,使瓜达尔港成为国际自由港"。

2015年5月习近平主席访巴,将中巴关系提升为"全天候战略合作伙伴关系"。两国元首发表《联合声明》,"高度评价将中巴经济走廊打造成丝绸之路经济带和21世纪海上丝绸之路倡议重大项目所取得的进展"。两国政府还同意以中巴经济走廊为引领,以瓜达尔港、能源、交通基础设施和产业合作为重点,形成"1+4"经济合作布局。两国签署多项合作文件,巴基斯坦卡洛特水电站的清洁能源项目成为丝路基金首个投资项目。

7 什么是孟中印缅经济走廊?

2013年5月,李克强总理访问印度,首次提出构建孟中印缅经济走廊。访问期间发表的《中印联合声明》强调,"双方对孟中印缅地区合作论坛框架下的次区域合作进展表示赞赏。……双方同意与其他各方协商,成立联合工作组,研究加强该地区互联互通,促进经贸合作和人文交流,并倡议建设孟中印缅经济走廊"。同年10月,印度时任总理辛格访华,重申对孟中印缅经济走廊的支持立场。

孟中印缅经济走廊契合中国向西开放、产业转移及联通周边等战略诉求,是"一带一路"六大经济走廊之一。其前身是孟中印缅地区合作论坛。20世纪90年代,中国云南学者提出建立孟中印缅次区域合作区的构想,并推动于1999年举行首次中印孟缅地区经济合作与发展国际研讨会,会后发表《昆明倡议》。中国云南省政府、缅甸外交部、印度政策研究中心和孟加拉政策对话中心四家牵头,形成每年轮流举办研讨会并向各自政府报告的机制。2002年2月第三次研讨会决定升级为孟中印缅地区经济合作论坛,并在昆明设秘书处。2011年更名为孟中印缅地区合作论坛,扩大合作领域,提出"重点构建昆明—曼德勒—达卡—加尔各答经济走廊",强调加强次区域互联互通,这成为孟中印缅经济走廊的雏形。近年来,域内各国均强调发展导向战略,国家间关系亦有所缓和,论坛发展提速,李克强总理提出孟中印缅经济走廊构想恰逢其时。

孟中印缅交汇之地是发展洼地,经济发展水平总体落后于中国东部和印度本土,但该次区域发展潜力巨大,且地区和平稳定也需要良好的经济发展。根据初步规划,孟中印缅经济走廊以昆明为东端,加尔各答为西端,曼德勒和达卡为中间节点,主要连接中国云南、印度东北部和西孟加拉邦、缅甸和孟加拉。旨在借"一带一路"东风及各国重视发展之机,以加强四国公路互联互通建设为基础,全面提升道路、基建、贸易等各层次的互联互通水平,促进四国间经贸联系和人文交流,形成促进沿线及周边地区互利合作、共同发展的经济带。

目前,孟中印缅经济走廊建设稳步推进。2013年12月,联合工作组在昆明召开首次会议,签署联合研究计划,正式建立推进走廊建设的合作机制。2014年12月，联合工作组第二次会议在孟加拉国科克斯巴扎尔举行，探讨互联互通、能源、投融资、贸易便利化、可持续发展、人文交流等重点领域的合作设想和推进机制，对中方提出的早期收获倡议表示欢迎。2015年5月印度总理莫迪访华，双方发表的《中印联合声明》就贸易投资便利化、铁路基建与金融合作等达成多项共识，强调"对在孟中印缅经济走廊框架内的合作进展表示欢迎"，忆及孟中印缅经济走廊联合工作组第二次会议，同意"继续努力，落实会议达成的共识"。联合工作组第三次会议将于2015年下半年在印度召开，届时将通过四国联合研究报告，并就建立政府间合作机制进行磋商。

孟中印缅经济走廊建设也面临客观难题，包括：区域联通底子较差，各国经济互补性和合作驱动力有待挖掘；印度态度仍有摇摆，担忧冲击其主导的"湄公河—恒河合作倡议"（MGC）和"孟加拉湾多领域经济技术合作倡议"（BIMSTEC）等区域合作机制；缅甸政治转型任重道远，内外政策存在变数等。

8 什么是中欧陆海快线？

2014年12月17日，李克强总理在贝尔格莱德会见塞尔维亚总理武契奇、匈牙利总理欧尔班和马其顿总理格鲁埃夫斯基，各方一致同意共同打造中欧陆海快线，并共同见证签署了合作建设中欧陆海快线北段匈塞铁路的谅解备忘录和通关便利化协议,为中欧陆海快线的建设奠定了重要基础。

中欧陆海快线是匈塞铁路的延长线和升级版,它南起希腊比雷埃夫斯港,北至匈牙利首都布达佩斯,中途经过马其顿斯科普里和塞尔维亚贝尔格莱德,直接辐射人口3200多万,建成后将为中国对欧洲出口和欧洲商品输华开辟一条新的便捷航线,航期与传统航线相比将至少缩短7—11天。

对中国而言,建设中欧陆海快线既有助于消耗富余产能、带动产业链升级,又可有力提升中国对全球基础设施改造的参与度,促进国际贸易物流合作。对中东欧国家而言,中欧陆海快线通过连接被誉为"欧洲心脏"的布达佩斯和"地中海明珠"的比雷埃夫斯港,形成海上丝路和陆上丝路的完美对接,将释放无限陆海经济能量。

改建完成后的中欧陆海快线,一方面将成为中国与巴尔干地区合作的重要环节,有力提升沿线各国物流水平,加速人员、商品、企业、资金、技术的往来交流,实现多方共赢;另一方面将作为水陆联运物流新通道,缩小地区差距,促进欧洲内部平衡发展,充实中欧全面战略伙伴关系内涵。中欧陆海快线建设过程中,贸易自由化和通关便利化前景可期,亚欧乃至更广范围内的世界经贸融合和发展将得到实质性提升。

9 泛亚铁路网建设进展如何？

1995年12月东盟第五届首脑会议上，时任马来西亚总理的马哈蒂尔提出效仿泛欧铁路，修建一条超越湄公河流域范围的泛亚铁路，该倡议得到东盟各国和中国政府的认同。2006年4月，在印尼举行的亚太经济社会委员会第62届大会上，《泛亚铁路政府间协定》获得通过。同年11月，包括中国在内的18个国家正式签署该协定。但由于缺乏核心国家有力引导和经费问题得不到解决，泛亚铁路网建设始终难以推进。

2013年以来，中国倡议与包括东盟在内的周边国家共建丝绸之路经济带和21世纪海上丝绸之路，为泛亚铁路建设注入新动力。经中国和东南亚国家积极倡导、多方协调，目前泛亚铁路规划从中国云南昆明出发，东线经越南河内和胡志明市、柬埔寨金边、泰国曼谷，中线经老挝万象、泰国曼谷，西线经缅甸仰光、泰国曼谷，三线最终于曼谷汇合，随后南向经马来西亚吉隆坡最终到达新加坡。

泛亚铁路网国外段的铁路多已存在，但设施落后，难以运行高速列车。且东南亚各国、中国、俄罗斯的铁路轨距标准不同，也阻碍实现互联互通。东线方面，2014年4月老挝总理访华时，双方宣布启动中老铁路政府合作协议商谈，目前筹备工作进展顺利。老挝国内高度重视中老铁路，将其作为基础设施建设工作的重中之重，希望借该项目实现从"陆锁国"变为"陆联国"的战略设想。中线方面，2014年12月，中泰签署《铁路合作谅解备忘录》，计划于2016年开工建设中南半岛首条现代化标准轨道铁路，使用中国技术和装备建造，由中方提供必要融资支持。这将有力推动中南半岛泛亚铁路网的建设。西线方面，缅甸铁道运输部对外宣布，中缅铁路工程备忘录3年期限已到，由于缅甸部分国民、社会组织与政党持不同意见，因此决定将不实施该项目。中缅铁路搁浅将影响泛亚铁路西线的建设。

泛亚铁路国内建设方面进展顺利。东线方面，2014年12月云南蒙自—河口铁路贯通，泛亚铁路东线国内段全线建成并开通运营。中线方面，2014年11月云南玉溪—磨憨铁路获批立项，目前正稳步推进。西线方面，云南大理—瑞丽铁路进展顺利。

10 中国海上能源通道建设进展如何？

中国重要能源资源进口严重依赖海运，海上能源通道与中国经济安全息息相关。2012年数据显示，中国原油进口的90.37%、铁矿石进口的97.53%、铜矿石进口的92.18%、煤炭进口的92.2%均通过海运实现。中国前十大原油进口来源国中，除与中国陆路接壤的俄罗斯和哈萨克斯坦外，其余均通过海运；前十大铁矿石进口来源国中，除俄罗斯海运占51.51%外，其余均靠海运；前十大铜矿石进口来源国中,除蒙古以陆路运输外,其余几乎全靠海运;前十大煤炭进口来源国中,除俄罗斯海运占89.82%外,其余几乎全部通过海运。

中国能源资源进口严重依赖海上通道,但海上通道安全却存在诸多风险。传统安全领域,通道所经地区和海域多为国际政治敏感地带,热点与难点多,不排除激化可能。如南海争端短期难解决,美国不断强化地区军事存在,对中国构成事实上的战略压力;中东局势难以落稳,地缘政治风险不容低估;中国自身保障能源通道安全的能力和手段不足,发展远洋军事力量又面临多方质疑与掣肘。非传统安全领域,通道沿线地区局势动荡,政府治理缺失,催生海盗、海上恐怖主义等威胁。以海盗问题为例,前些年亚丁湾、马六甲海域海盗威胁严重。根据"国际海事局"的报告,2014年马六甲海域发生海盗袭击141起,约占全球海盗袭击数量的57.6%。

在推进"一带一路"建设中,陆上应注重加强能源基础设施互联互通,共同维护输油、输气管道等运输通道安全,推进跨境电力与输电通道建设,海上则应强调能源供应的稳定可靠以及运输通道的安全顺畅。据此,中国政府将多管齐下,措施包括:一是推动能源进口来源多元化,扩大自俄罗斯、中亚能源进口,构建东、南以海路为主,西、北以陆路管道为主的能源运输体系;二是加强国际和地区合作,如与东盟国家共同保障马六甲海峡安全;三是积极参与打击海盗、海上联合执法、海上联合军演等活动,提高海外利益保障能力；四是推动孟中印缅经济走廊、中巴经济走廊建设，谋划能源"替代通道"。

11 中国陆上能源通道如何规划？

"一带一路"重大构想为中国深化和拓展国际能源合作提供了全新机遇，将有力推动中国陆上能源通道建设。西北中国—中亚油气管道、东北中俄油气管道和西南中缅油气管道，构成中国陆上能源通道的主体，再加上东部海上油气通道，共同形成中国能源通道总体架构，改变单点支撑格局，有力保障国家能源安全。

沿着古老的丝绸之路，中国与吉尔吉斯斯坦、哈萨克斯坦、土库曼斯坦、塔吉克斯坦、俄罗斯等国的油气开采和管道输送合作日益紧密。随着中国—中亚天然气管道、中哈原油管道等项目的陆续投产，加上正在建设和规划中的中国—中亚天然气管道D线、中俄东线和西线管道等项目，昔日东西方交流的"商贸大动脉"正逐渐成为贯通亚欧的"能源大动脉"。

中哈原油管道作为中国第一条陆上石油进口管道，西起里海的阿特劳，途经阿克纠宾，终点至中哈边境阿拉山口，全长2798公里，于2006年建成投产，总规划年输油能力2000万吨。这条管道除了输送哈萨克斯坦的原油，未来还可接收来自俄罗斯的石油和天然气。

中国—中亚天然气管道是中国第一条引进境外天然气

资源的跨国能源通道，西起土库曼斯坦和乌兹别克斯坦边境，穿越乌兹别克斯坦中部和哈萨克斯坦南部地区，经新疆霍尔果斯口岸入境，全长1833公里，年设计输气量300亿—400亿立方米，境内与中国西气东输二线管道相连，可保证长三角、珠三角等地数亿人口的生活燃料供应。2014年5月，中国—中亚天然气管道C线顺利投产；同年9月，D线宣布开工，计划2016年建成通气。

中俄油气管道是中国陆上能源通道的重要组成部分，近年来取得积极进展。2014年5月，俄天然气工业公司与中石油签署对华供气合同，从2018年起将通过中俄东线天然气管道对华供气，供气量逐年增加，最终达到380亿立方米。同年11月，习近平主席与普京总统签署《关于经中俄西线自俄罗斯向中国供应天然气的框架协议》。未来30年，俄将通过西线管道，每年对华出口天然气300亿立方米。2015年6月，中俄东线天然气管道中国境内段正式开工，备受瞩目的全球天然气"世纪大单"成功落子，堪称中俄能源合作的又一里程碑。专家认为，中俄东、西线建成投产后，全球陆上供气中心将向亚太地区转移。

12 中国港口体系如何对接内陆与海外市场？

港口是国家重要基础设施和综合交通运输体系重要枢纽，对促进中国与外部的经贸联系、加深中国对外经济融合发挥了重要作用。根据有关部门统计，截至2012年，国内港口已拥有生产性泊位3.59万个，其中万吨级以上深水泊位1337个。有8个港口进入世界港口货物吞吐量排名前20位，5个港口进入前10位，港口货物吞吐量和集装箱吞吐量连续多年居世界首位。

在构建21世纪海上丝绸之路的过程中，中国应依托重点港口城市，提升其与内陆和海外市场的对接水平，服务海上丝绸之路建设。根据2014年6月交通运输部《关于推进港口转型升级的指导意见》和2014年8月国务院《关于促进海运业健康发展的若干意见》等文件精神，综合国内学界对"一带一路"倡议下港口发展的研究，中国港口体系对接国内外市场的主要思路包括但不局限于：

一是优化国内沿海港口布局，继续强化沿海港口和内河主要港口在对接国内外市场中的枢纽作用。主要包括长三角地区、珠三角地区、东南沿海地区、西南沿海地区和环渤海地区的港口群。

二是拓展服务功能，发展现代港口业。构建定位明确、层次分明、布局合理、配套协调的服务体系，提升对腹地经济的辐射带动能力，如加强港口与区域内产业互动，积极发展临港工业服务功能。

三是支持国内有关地方与沿线国家重点港口开展"结对子"共建，建立友好港口关系。支持有条件的港口企业走出去，开展境外投资和跨国经营业务，打造具有国际竞争力的全球性码头运营商。发挥香港、澳门特别行政区的独特优势。

四是建立便捷、顺畅的全程运输系统。完善港口运输系统，推进综合交通枢纽建设；推进各种运输方式与港口有效衔接，如海铁联运、海陆联运等；加强与相关国家和地区交通建设规划、技术标准体系的对接，促进国际通关、换装、多式联运有机衔接。

五是降低通关成本，促进贸易便利化。推动与沿线国家海关监管、检验检疫标准互认和计量交流合作，与沿线国家海关开展"经认证的经营者"互认；探索国内区域通关一体化改革。

六是发挥内陆腹地战略支撑作用。依托黄金水道建设长江经济带，打造陆海双向对外开放新走廊；支持郑州、西安等内陆城市建设航空港、国际陆港，鼓励港口企业建设内陆"无水港"，加强内陆口岸与沿海、沿边口岸通关合作。

13 当前国内获批各自贸区有何对外功能？

国内自由贸易区建设与"一带一路"是"一体两面、相互配套"的关系，是"一带一路"内外联动的重要抓手，共同构建中国对外开放新格局。

2013年8月国务院正式批准设立中国（上海）自由贸易试验区（简称上海自由贸易区）。该试验区主要对外功能：一是成为推进改革和提高开放型经济水平的"试验田"。实行政府职能转变、金融制度、贸易服务、外商投资和税收政策等多项改革措施,形成可复制、可推广的经验,通过长三角区域国际贸易"单一窗口"来推动长江经济带的快速发展。二是先行试点人民币资本项目开放及逐步实现可自由兑换等金融措施。三是先期布局,作为中国未来可能加入"跨太平洋战略伙伴关系协定"(TPP)的首个对外开放窗口,为中国加入该协议发挥重要作用。

2014年12月,国务院决定依托现有新区、园区,在广东、天津、福建特定区域再设三个自由贸易园区,以上海自由贸易区试点内容为主体,结合地方特点,充实新的试点内容,四个自由贸易区从2015年起使用同一张负面清单。2015年4月21日,三个自由贸易区同时挂牌成立。

广东自由贸易区主要功能是加强粤港澳经济深度融合,通过加工贸易转型,带动珠三角地区发展和内地区域的产业升级;建立粤港澳金融合作创新体制,实现服务贸易自由化,通过制度创新推动粤港澳交易规则的对接。

天津自由贸易区主要对外功能是推动京津冀协同发展,借"一带一路"契机服务和带动环渤海新一轮的开放;发挥航运、金融租赁的较强优势,重点发展融资租赁业务,增强对内辐射效应;面向东北亚市场,对接中韩自由贸易协定,成为中韩自由贸易区框架协定的实验先导区。

福建自由贸易区重点是深化两岸经济合作,着力加强闽台产业对接,推进台海经济一体化;充分发挥对台优势,率先推进与台湾地区投资贸易自由化进程,把自由贸易区建设成为深化两岸经济合作的示范区;充分发挥对外开放前沿优势,建成21世纪海上丝绸之路核心区,打造21世纪海上丝绸之路沿线国家和地区开放新高地。

14 中国已建成哪几条国际国内贸易通道?

国际国内贸易通道是支撑中国"一带一路"构想的重要物流通道。目前,中国已形成以新丝绸之路为主线,铁路联运、陆海联运、国际航空货运等多形式的东西相连、南北贯通的国际国内贸易通道网络。

新丝绸之路依托于新亚欧大陆桥(东起中国连云港,途经河南、陕西、甘肃、青海、新疆等多个中西部省区,到达边境口岸阿拉山口,进入哈萨克斯坦,再经俄罗斯、白俄罗斯、波兰、德国,止于荷兰鹿特丹港),全长约10900公里,是目前欧亚大陆东西向最为便捷、覆盖国家和地区最多的通道。

1992年12月,连云港经阿拉山口至阿拉木图的首列过境集装箱班列,开启了中国新亚欧大陆桥运输先河。2011年11月,重庆开通至德国杜伊斯堡的"渝新欧"国际货运班列,全程11179公里,次年延伸至比利时的安特卫普。2012年10月,武汉开通至捷克的"汉新欧"货运班列。2013年4月,成都开通至波兰的"蓉欧快铁"。2013年7月,郑州开通至德国汉堡的"郑新欧"货运班列。2013年11月,广东开通经新疆至俄罗斯的国际货物快运班列。同月，西安首趟"西新欧"货运班列开通。2014年1月，义乌首发开往西班牙马德里的"义新欧"铁路货运班列，是所有中欧班列中最长的一条。2014年6月，合肥始发直达哈萨克斯坦阿拉木图的"合新欧"班列。2014年10月，长沙开往欧洲的"湘欧快线"开通。2014年12月，天马号首趟中欧班列从甘肃武威出发，前往哈萨克斯坦的阿拉木图，未来将达荷兰鹿特丹。

新丝绸之路上，"多城逐路"的局面形成。各地方政府竞相提供补贴，欲开辟新班列，使其呈遍地开花之势。

在陆上，苏州另辟蹊径，开通了"苏蒙欧"班列，全程11200公里，经内蒙古满洲里口岸开往波兰华沙。目前多条通过满洲里出境抵达欧洲的贸易通道正在谋划中。2015年6月，首列"哈欧"国际货运班列开通，从哈尔滨经满洲里进入俄罗斯，过波兰，抵达德国汉堡，全长9820公里，未来将与大连港相连接，陆海联运通向日本和韩国。

在海上，2007年5月中韩陆海联运汽车货物运输项目在山东正式启动，现已开通威海、龙眼、石岛、青岛、日照、烟台对韩陆海联运汽车货物运输通道。

在空中，随着跨境电商平台的飞速发展，国际航空货运专机日益火爆。如2013年11月哈尔滨对俄罗斯国际航空货运专机开通，使中俄跨境电子物流平均时间从近两个月缩短至13天，包裹最快4天送达买家。

此外，中国许多边境口岸设立了面向蒙古、俄罗斯、中亚以及东南亚邻国的跨境铁路、公路贸易通道。这些共同构成了中国国际国内贸易通道多元化的格局。

15 当前国内为"一带一路"进行的配套建设进展如何？

"一带一路"出台后，各省市、各部门积极响应，加快谋划本地区本部门的相关规划。如黑龙江制定东部陆海丝绸之路经济带规划；新疆计划启动丝绸之路经济带区域国际金融中心建设规划工作；中国铁路总公司提出，将按丝绸之路经济带加快推进道路联通，组织不同区域货源，分西、中、东三个方向构建中欧国际大通道；国家电网公司将打造"一带一路"经济带输电走廊，选择新疆作为重要节点，推动新疆特高压建设提速，提升新疆能源大范围配置能力。

国内为"一带一路"进行的配套建设相应提速。一是重要节点的贸易便利化建设升级。如2011年3月初，义乌成为唯一的"国际贸易综合改革"试验区；2014年11月，为义乌小商品量身定制的市场采购贸易方式正式落地；义乌保税物流中心（B型）正式封关运行。2013年12月，重庆团结村中心站获批成为内陆铁路口岸，2014年又被批准为整车进口口岸和保税物流中心（B型）。重庆进一步推进保税展示交易、跨境电子商务、离岸金融结算等服务贸易。

二是物流快速通道打通。2014年10月，江苏发起成立丝绸之路经济带物流联动发展合作联盟，与山东、河南、陕西、甘肃、青海、宁夏、新疆等七省区共同发布物流联动发展合作意见，打造连接欧亚的便捷物流通道。2014年7月，哈尔滨铁路局召集举行中欧集装箱班列跨铁路局运输合作商定会，共同研究境内7条出口、3条进口直达班列运输线，协调俄罗斯铁路部门勾画至莫斯科和波兰华沙的直达班列，形成进出口货物快速通道。

三是产业园、物流基地、保税区如火如荼铺开。如2014年甘肃首家保税物流中心落户武威，当年批准、当年通过验收；2014年5月，中哈（连云港）物流合作基地启用，是共建丝绸之路经济带的首个实体平台；2014年10月，西安市"中俄丝绸之路高科技产业园"启动。

研究篇

1 建设 21 世纪海上丝绸之路的战略意义何在？

中国成长为世界第一制造大国，由此带动生产要素的国际流动比以往任何时候更为频密，打造或完善贸易通道、推进中外良性互动并释放更大产能比任何时候更为紧迫，由此产生的溢出效应既利于中国，也有利于世界。

首先，增强中国经济"生命线"——海洋通道的安全系数，是中国经济持续增长和加强对外联系的保障。中国经济的成长与外部紧密性不断增强，对外贸易的 90% 都需要经过海上通道，尤其是原油、铁矿石、铜矿石、煤炭等能源资源进口严重依赖海运。以原油进口为例，2012 年，中国原油进口额为 2203.95 亿美元，其中通过海运进口额为 1991.68 亿美元，占总量的 90.37%，其中 80% 左右要经过马六甲海峡。预计 2020 年时中国进口石油将占总需求的 66% 以上，2040 年将达到 72%。除马六甲海峡外，其附近的龙目海峡、望加锡海峡也直接关系到海上丝绸之路的延伸区域——南太平洋，大部分不能通过马六甲海峡的巨型油轮只能途经这两条海峡。虽然，修建经过缅甸和巴基斯坦的两条输油管，可减轻对马六甲海峡和龙目海峡—望加锡海峡的依赖，但仍无法取代海上能源供应线。为破解"马六甲困境"，中国只能寻求扩大与其他国家的海上合作，以保证通道的可选择性。

其次,进一步密切新时空背景下中外经济良性互动,可以对沿线国家经济发展释放更多的"正能量"。当前,中国经济"正在实行从引进来到走出去并重的重大转变,已经出现了市场、资源能源、投资'三头'对外深度融合的新局面"。以东盟为例,1997年金融危机后,中国—东盟经济合作步入快车道,自2009年以来中国连续五年成为东盟最大贸易伙伴。据中方统计,中国—东盟双边贸易额2012年达4001亿美元,是2002年的7.3倍,2013年增至4436亿美元。双方现正在启动自由贸易区升级版谈判,努力打造双边关系"钻石十年"。而且,海上丝绸之路沿线多为发展中国家,中国优势产能的走出去也符合沿线国家的利益。比如,海上丝绸之路诸多沿线国家和地区组织(印度、东盟等)出台了经济发展规划,但却面临基础设施不够完善、发展资金捉襟见肘等问题,而中国拥有雄厚的外汇储备,并在基础设施领域拥有领先的技术和丰富的经验,可以为沿线国家提供诸多援助。海上丝绸之路构想的重要目的,就是强化中国对外部经济的正向外溢作用,同时解决双方互动过程中资源配置不均或受阻的失衡问题,通过向发展中国家提供资金、基建、技术等领域援助,促进中国与沿线地区和国家生产资料的有效配置。

再次,有利于克服外向型经济中生产要素流通的两种失衡或挑战。经济的沿海化,强化了中国对海外市场和海外资源的高度依赖,并导致两大失衡:一是沿海地区能够更有效地利用外部资源,导致国内经济布局在沿海与内地之间的失衡，沿海地区发展水平明显高于内地。二是对外依赖引发的敏感性与脆弱性问题，尤其是漫长的海上通道面临多种风险挑战。海上丝绸之路的构建有助于消除或缓解上述两大失衡。当然，海上丝绸之路并非局限于海上，而是与陆上丝绸之路相辅相成的，嫁接桥梁就是孟中印缅经济走廊和中巴经济走廊。海上丝绸之路倡导共商、共建、共享，主张与沿线各国加强海上互联互通，通过构筑利益共同体和命运共同体，为海上通道安全营造良好的外部环境。

2 建设21世纪海上丝绸之路面临哪些风险与挑战？

21世纪海上丝绸之路是共商、共建、共享的和平繁荣之路，对中国以及沿线国家和地区来说是莫大的善举。但客观地说，海上丝绸之路建设及其安全面临诸多困难与挑战，如大国海洋秩序博弈、海洋权益争端、沿线国家治理之困、海上非传统安全威胁等。

首先，海上丝绸之路建设可能引发现有海上强权的担忧与疑虑。21世纪海上丝绸之路倡导更加公平的海洋秩序与和平、合作、和谐的海洋观。但是，美国为了维护其全球海洋霸权而可能对中国的海上丝绸之路建设难以释怀，加上海上丝绸之路还涉及印度洋地区，印度对海上丝绸之路的真实意图也半信半疑，这是海上丝路建设需要妥善应对的战略挑战。

美国视海上霸权为其全球霸权体系的重要支柱,并通过"岛链战略"长期对中国进行海上牵制。中国建设海洋强国、推进海上丝绸之路的努力,难免遭遇美方反弹乃至反制。美国的"亚太再平衡"战略和"印度洋—太平洋构想",客观上都是全面强化其在海上丝绸之路沿线的战略部署。美国虽然不是丝绸之路沿线国家,但却凭借其同盟体系、军事实力等,对丝绸之路沿线的地区事务乃至一些国家的内政都拥有巨大影响力,且拥有可用来施加干扰的诸多资源。中印安全互信依然缺失,印度不少人担心中国"构筑"包围印度的"珍珠链",一些战略界人士认为"中印海上对抗不可避免"、"中国是印度在印度洋的最大对手"等,结果即导致印度加强自身军事外交、强化对印度洋的主导权。特别是随着斯里兰卡、马尔代夫、巴基斯坦等国纷纷表示乐于参加海上丝路,印度担忧之心日增。《印度时报》曾披露,莫迪政府有意启动代号为"季风工程"的项目,"与中国的海上丝绸之路相竞争"。

其次,南海争端个别有关方无所顾忌地升级行为有碍中国—东盟务实合作。东盟是海上丝绸之路建设的第一站也是最重要的一站,争取东盟国家的支持和参与,对海上丝绸之路的顺利推进至关重要。当前,中国与东盟及其各成员国的关系总体良好,双方还正在探讨签署"睦邻友好合作条约",但越南、菲律宾等持续挑起南海争端,中国的维权举措又被其炒作成"海上威胁",成为中国—东盟关系的弦外杂音。

南海争端仅是中国与部分东盟成员国间的矛盾，而且只是中国与争端国关系的一部分，但一旦被与"中国威胁论"、"中国海上威胁"挂钩，其负面影响就可能外溢至中国—东盟关系大局，干扰海上丝绸之路建设。一是可能使海上丝绸之路构想被误解为强化对东盟经济影响力的"战略武器"。二是可能使中国陷入"维权"与"维稳"的困境，既不能无视越南、菲律宾等国的挑衅行为，也要避免维权政策被曲解、被炒作。三是美国、日本等打着"维护地区安全、海上航行自由和通道安全"的旗号，插手南海争端，对中国构成战略压力。

第三，海上丝绸之路途经众多地区和广阔海域，面临各种区域性的传统与非传统安全挑战。一是若干地区热点难以降温。东南亚地区情况较好，东盟共同体建设稳步推进。南亚地缘政治格局的基本特征是印巴对峙，长期拖累区域一体化，也对中印巴三边关系带来复杂影响。印巴关系的走向，牵涉海上丝绸之路和"两个走廊"（即孟中印缅经济走廊和中巴经济走廊）建设。西亚北非地区的地缘政治博弈和民族、宗教矛盾也非常复杂。二是部分沿线国家存在"治理之难"或者"转型之困"。南亚大部分国家都面临政局不稳的问题，而西亚北非则饱受地缘政治格局重组和伊斯兰教派矛盾激化之困。三是沿线国家间或国家内部各种矛盾相互交织，催生了形形色色的暴力犯罪，如恐怖主义、毒品贩卖和军火走私等，对海上通道和航行安全构成威胁。

最后，海上丝绸之路建设面临与沿线国家的战略对接难题。海上丝绸之路倡导的互联互通，不是狭义的建路搭桥，而是实现政策沟通、设施联通、贸易畅通、资金融通、民心相通的"全方位、立体化、网络状的大联通"，其中以政策、制度、规则、民心等领域的软性联通为最难。海上丝绸之路沿线国家发展战略不一，很难用单一的对接战略开展合作，有时甚至需要"一国一策"。还有，一些国家对海上丝绸之路构想仍然是不甚了解，要使沿线国家与中国海上丝绸之路战略有效对接仍需要进一步加强政策沟通。

3 建设 21 世纪海上丝绸之路需要把握什么原则？

首先，要高度重视与陆上丝绸之路经济带的衔接，尤其要建设好兼具海陆特征的孟中印缅经济走廊和中巴经济走廊，坚持陆海统筹。海上丝绸之路有其特殊性，较之于陆路（公路、铁路），早已"路"在脚下（水域），需要的不是开山移土，而是由线到点、再由点到点的网络通道。它需要进行港口桥梁建设、设施配套、海洋科技、海洋经济和海洋环境保护等关联发展，更需要内外统筹、海陆统筹、多面推进。历史上葡萄牙、西班牙、荷兰等海洋强国为陆地资源匮乏所限而昙花一现。美国依靠丰富的陆地资源成为强大的陆权国家后大步走向海洋,称霸世界至今。中国具有海陆复合型地缘特性的优势,具备崛起为海陆强国的条件,中国要想成为海洋强国必然要以国内陆区发展为基础。

其次,海上丝绸之路建设应该充分发挥亚投行、丝路基金等机制作用,政府搭台,企业唱戏,用足市场力量。布局上可以多方面同时着眼,具体措施上由近及远,协调好短中长线建设,逐步顺畅国际生产要素流通途径。其中,必须突破制约各国资源、技术、劳动力等要素流通的瓶颈,这既包括硬件的基础设施,也包括软性的规则和标准,需要与相关国家长期有效的政治沟通。由于中国的周边国家多为穷国、小国、弱国,一个发展起来的中国需要也能够为扶助这些国家的发展作出自己的贡献。中国可以借助亚投行、丝路基金等,为沿线国家基础设施建设提供资金援助。通过这些机制,鼓励中国企业参与沿线国家基础设施建设,以取得双赢局面。

再次,海上丝绸之路建设事关中国的海缘经济战略方向,要坚持与各相关国家合作共建、共同发展、持久发展原则。具体地说,合作共建、共同发展、持久发展的大原则应该体现为,既要与沿线国家寻求政治、经济共识,尽可能争取与有关国家发展战略对接,也要争取现有地区乃至全球性主导性大国的理解与认同,有效与现有地区安排或机制相互衔接,继续妥善处理好与个别国家的争端,战略延伸有度,避免盲目推进。海缘经济是指国家或地区海洋之间相互联系形成的经济活动,一国和地区主导国家都会尽可能营造有利于自己的海缘经济环境。历史上,国际政治语境中的大国崛起往往伴随地缘拓展。当今全球化时代,唯有善意的、注重和平发展、共同发展、合作发展的地缘拓展才符合历史潮流。对于中国而言,在海上丝绸之路建设中坚持合作共建,共同发展、持久发展理念,有利于处理好与沿线国家、主导性大国的关系,有助于与地区与全球性相关机制的相互配合、相互衔接,进而使国际海洋秩序日益完善、合理、有序。

4 丝绸之路经济带面临的国际风险与对策?

丝绸之路经济带是中国进一步深化改革、扩大开放,推进"走出去"战略的重要部署;是实现由地区性大国向全球性大国转变的重要路径。自"丝路带"倡议提出以来,国内各部门、省、自治区热情参与,国外也给予了高度关注,一些国家积极响应,表达出积极参与的愿望。但同时,"丝路带"建设也面临一些重大战略风险,必须给予高度关注。

(1) 三大风险

首先是美国正逐渐摆脱金融危机的影响,力图重塑自己在国际上的霸主地位。奥巴马在西点军校的讲话,表明了美要保持全球领导地位的强大决心和信心。目前,美国正引领世界上最重要的"新能源革命"、"新工业革命"和"新军事革命"并已走在了世界的前沿。另一方面,乌克兰危机并没有延缓美国推进"亚太再平衡"战略的步伐,奥巴马明确表示,"俄罗斯只是一个地区强国",不会对美构成全球性挑战,而真正能对其构成挑战的正是中国。当前,美国着力推进"硬实力"、"软实力"和"巧实力"的综合运用。近来,日、菲、越出现联动趋势,这表明美国在东亚不仅要强化自己的双边军事同盟,而且力图将这种同盟网络化。这是我们"一路一带"建设所要面对的重要安全因素。

在经济层面,美国看到了中国经济快速发展得益于经济全球化的进程,因此开始考虑怎么样在下一轮全球化进程中为自己赢得先机。美国倡导的TPP和TTIP就是试图重塑全球贸易和投资新规则,抬高门槛,一旦做成,中国将面临"第二次入世"的巨大风险。可以说,现在全球化正在美国主导下进入"2.0版",我们应该怎么应对?是另开辟一个战场,还是更积极地参与到规则的制定中,这是一个重大战略问题。

其次,俄罗斯试图通过借"欧亚一体化"维系其在"后苏联空间"的主导地位,非常担心中国对中亚国家日益加深的影响力。近日,欧亚经济联盟协议签订,这表明俄要通过规则制定来掌握欧亚地区经济合作主导权。乌克兰危机后,俄对华战略倚重上升,其出发点是为了缓解自己的战略压力。2015年5月,中俄签署了"丝绸之路经济带与欧亚经济联盟建设对接声明"。这一声明表明中俄在促进欧亚区域经济整合方面达成了初步共识，但它并不意味着双方的对接可以一帆风顺。俄罗斯知名学者加布耶夫明确表示，对接应更多按照欧亚经济联盟的规则来进行。截至目前，"丝路带"建设的主要思路还是"项目推动型"，即以单对单的项目模式来搞经济带建设，这和美俄主导的全球和地区贸易、投资规则制订和机制建设相比，处于相对不利的地位。

三是欧亚地区地缘政治非常复杂，已经形成从巴尔干经高加索到中亚、南亚和东南亚的不稳定弧，冲突非常激烈。近来，伊拉克安全局势急转直下，而随着美军撤出阿富汗，阿富汗是否会重蹈伊拉克覆辙尚未可知。不久前，奥巴马顶着国内巨大政治压力，用5个塔利班战士换取1名美国被俘士兵，预示着美国对塔利班的态度酝酿重大变化，美是否正准备从阿富汗泥潭抽身而将恐怖主义和极端主义"祸水"引向中国，值得密切关注。目前，欧亚腹地的"高加索酋长国"、"伊拉克和黎凡特伊斯兰国"、"乌伊运"、"东突"以及叙利亚的恐怖组织不仅在意识形态上合流，甚至在组织和人员上也开始合流。这种趋势若得不到遏制，将给"丝路带"建设带来不可估量的巨大风险。

（2）如何推进丝路带建设

一是加强规则的制定和对接，不能以单个项目的方式与美俄主导的国际或地区体系对抗。我们要通过上合组织等既有平台来加速推进"丝路带"建设，为新的区域经济合作规则制定打下基础。要加强与欧亚经济联盟、欧盟、海合会等组织在制度上的对接。与此同时，要改变对TPP的观望态度，尽早参与到未来国际贸易和投资新规则的制订过程当中，施加影响、维护利益。只有把握规则和标准，才会有立足之地。

二是在推进"丝路带"建设的同时，要充分利用好上合组织和金砖国家机制。目前看，扩大上合组织、金砖机制的时机已经成熟。2015年7月，乌法峰会通过了启动接收印、巴加入上合组织的程序，接纳白俄罗斯为本组织观察员国，阿塞拜疆、亚美尼亚、柬埔寨、尼泊尔为对话伙伴国。目前，美对伊的态度有所转变，我们要加紧预案。建议通过上合组织进一步拉住伊朗。阿塞拜疆也对新丝路表示出迫切的愿望，这都是我们可能利用的资源。可考虑把土耳其和哈萨克斯坦吸收进入金砖国家机制，前者可使"丝路带"建设获取横跨欧亚两洲的地缘优势，后者可以使我们获取突破欧亚经济联盟的路径。

三是充分利用好资金和金融工具。要加速上合开发银行、亚洲基础设施投资银行的建设，可考虑以适当方式参与俄主导的欧亚银行建设。

四是充分挖掘"丝路带"沿线国家的经济互补性。目前，欧亚腹地基础设施建设加速推进：哈萨克斯坦—土库曼斯坦—伊朗铁路、塔吉克斯坦—阿富汗—土库曼斯坦—伊朗铁路等加快建设；中国—中亚天然气管道、中哈石油管道、中俄油气管道、巴库—杰伊汉石油管道、跨阿纳托利亚天然气管道等正将更多的俄罗斯、中亚、里海能源输往欧洲和亚太能源市场，一个跨欧亚大陆的能源管网体系正悄然成型，我们应该考虑如何更好地利用这一相对统一的能源市场。此外，中国应充分发挥上合组织的潜力，把中亚水资源利用和能源体系建设紧密结合起来，利用中国—中亚天然气管道线路，通过提供公共产品，提高中国在中亚地区的战略影响力。

五是随着中国经济利益走出去，安全保障也要走出去。跨境基础设施安全一定要保障，可考虑以某种安保公司的形式来维护战略性基础设施安全，进一步加大与上合组织成员的联合执法力度，切实有效应对恐怖主义的挑战。

5 从"一带一路"倡议看中国—东盟关系前景

2013年9月和10月，中国国家主席习近平在出访中亚国家哈萨克斯坦和东南亚国家印尼时先后提出共建丝绸之路经济带和21世纪海上丝绸之路的重大倡议，得到国际社会高度关注。2015年3月28日，中国国家发展改革委、外交部、商务部联合发布了《推动共建丝绸之路经济带和21世纪海上丝绸之路的愿景与行动》，进一步明确了"一带一路"的整体规划和行动路线图。同时，中国逐步建立了亚投行、丝路基金、亚洲区域合作专项资金和中国—东盟海上合作基金等配套合作机制。"一带一路"倡议的提出为中国—东盟全方位合作提供了新的契机。

(1) "一带一路"倡议的核心是中国新型周边外交理念

"一带一路"倡议看似为一系列项目、工程、规划的集合，实为中国新一届政府在对国际形势和发展趋势做出总体判断的基础上，对中国周边外交理念和方法做出的新思考和新调整，背后蕴含着深刻的理念变革和政策自我完善。

首先，"一带一路"倡议是中国"亲、诚、惠、容"新型周边外交理念的外在体现。习近平主席在2013年召开的中国首次周边工作座谈会上明确了发展同周边国家睦邻友好关系的方针，包括要坚持睦邻友好，守望相助；讲平等、重感情；常见面，多走动；多做得人心、暖人心的事，使周边国家对我们更友善、更亲近、更认同、更支持，增强亲和力、感召力、影响力；要诚心诚意对待周边国家，争取更多朋友和伙伴；要本着互惠互利的原则同周边国家开展合作，编织更加紧密的共同利益网络，把双方利益融合提升到更高水平，让周边国家得益于中国发展，使中国也从周边国家发展中获得裨益和助力；要倡导包容的思想，强调"亚太之大容得下大家共同发展"，以更加开放的胸襟和更加积极的态度促进地区合作。相对于中国一直倡导的"与邻为善、以邻为伴"和"睦邻、安邻、富邻"传统周边外交理念，新的理念使中国与周边国家的关系有了更具操作性的工作思路和指导原则。在此基础上，"一带一路"倡议的提出就成为自然而然的事情。

其次，"一带一路"倡议是中国构建"周边命运共同体"新型战略思想的具体表现。习近平主席在2013年周边工作座谈会指出，中国同许多国家毗邻而居，这一特点决定了大家具有"一荣俱荣、一损俱损"的关系，是事实上的命运共同体。因此，中国必须致力于发展与相关国家的命运共同体关系，坚持互信、互利、平等、协作的新安全观，倡导全面安全、共同安全、合作安全理念，推进同周边国家的安全合作，找到"利益的共同点和交汇点"，"让周边命运共同体意识落地生根"。而"一带一路"倡议恰恰是构建"周边命运共同体"的最佳实现方式和落实方案之一。

第三，"一带一路"倡议是中华民族"正确义利观"的新诠释和新发扬。正确的义利观是中国传统道德体系中极为重要的组成部分，中国古人所推崇的做人终极追求就是能在义利问题上做到正确对待、修己达人。但自改革开放以来，当代中国人的义利观或多或少受到了重利轻义、以义代利、义利不分等倾向的影响，国内对此一度出现认识差异，在对外交往中也不同程度有所体现，并引起了部分国家的不适。新的形势要求中国应适时规范其义利观，以更为公允、公平、公正的义利观统领对外事务，处理国际关系。基于此，中国新一届领导集体于2013年以来提出了

"正确义利观"的概念,强调有原则、讲道义、讲情谊,重视心灵的沟通、理念的分享、思想的交流,反对利字当头、只顾自己发展、不顾别国感受;同时,也强调利益分享、利益融合、分享红利,不能脱离实际利益空泛地讲友好、讲合作。如何做到义利兼顾、和谐共生,具有高度的技巧性、艺术性。

此外,"一带一路"倡议还是实现"中国梦"与"世界梦"相互对接的重要桥梁和纽带。习近平主席2013年10月在周边外交工作座谈会上指出,中国周边外交的战略目标是服从和服务于实现"两个一百年"奋斗目标、实现中华民族伟大复兴,为此必须全面发展同周边国家的关系,巩固睦邻友好合作,这是中国国内建设目标的根本需求。"一带一路"就是加强对周边国家互利合作、心灵相通的"桥梁"。中国要实现"中国梦",必须与"东盟梦"、"亚洲梦"、"欧盟梦"对接,而非对立。"一带一路"是中方实现"中国梦"与"东盟梦"、"亚洲梦"、"欧盟梦"完美对接的重要承载项目和具体方式之一。因此,为实现"中国梦",中国必须广交朋友、广结善缘,讲好"中国故事",打造好利益纽带。只强调"中国梦"而忽视"东盟梦"、"亚洲梦"、"欧盟梦",中国的"一带一路"规划注定难以实现。从这个意义上说,"一带一路"对于中国而言,不仅是利己的,更是利他的,是利己与利他高度结合的新型合作倡议,在造福世界的同时,也将回馈中国。而中国的更大付出,将进一步造福世界。

（2）"一带一路"倡议的提出为中国—东盟关系注入新活力

随着中国外交格局和理念的变化，中国提出了"一带一路"倡议。而倡议的提出又带动了中国新理念的推广，进而为中国—东盟关系吹来了"新风"，带来了新气象和新机遇。

首先，"一带一路"倡议进一步提升了中国—东盟战略合作的地位和作用。东南亚国家是"一带一路"走出去的"第一步"，在中国"一带一路"倡议中具有举足轻重的地位和作用。借此东风，中国对东南亚的定位正在提升。就在提出"一带一路"的同时，中国国家主席习近平在2013年10月2—8日出访印尼、马来西亚并出席APEC第21次领导人非正式会议，期间发表题为《携手建设中国—东盟命运共同体》的重要演讲，提出了愿同东盟缔结《睦邻友好合作条约》，携手建设"中国—东盟命运共同体"，做"守望相助、安危与共、同舟共济的好邻居、好朋友、好伙伴"的倡议。习近平还特别提到中国愿同东盟国家发展海洋合作伙伴关系，共同构建覆盖太平洋两岸的亚太互联互通格局，进一步提升APEC的协调引领作用，使亚太地区继续发挥世界经济增长引擎的作用。2013年6月25日，中国外交部长王毅在与东盟十国驻华使节一同参观中国—东盟关系回顾图片展时表示，中国和东盟的关系正站在一个新的历史起点上，首次表示中国将把东盟作为周边外交的优先方向。

其次,"一带一路"倡议给全面打造"中国—东盟自由贸易区升级版"带来新机遇。面对未来,中方将秉承十年来自由贸易区建设的传统,积极优先考虑东盟利益诉求,为东盟的发展创造更多更有利的条件。双方将深入讨论进一步降低关税、削减非关税措施,积极开展新一批服务贸易承诺谈判,从准入条件、人员往来等方面推动投资领域的实质性开放,提升贸易和投资自由化便利化水平,使中国—东盟自由贸易区与时俱进,在更广领域、更高质量上打造升级版,力争在2020年使双边贸易额达到1万亿美元,到2020年前实现新增双向投资1500亿美元。

第三,"一带一路"倡议有助于推动中国—东盟基础设施建设互联互通和金融合作。借助"一带一路"倡议,中国—东盟将加快推进公路、铁路、水运、航空、电信、能源等领域互联互通合作,推动泛亚铁路"旗舰"项目建设尽快启动,实施好一批重大项目。在加强"硬件连接"的同时,双方也将加快完善原产地规则实施机制,扩大投资与产业合作,共同规划建设一批绿色环保、智能高效的产业园区,抓好信息、通关、质检等制度标准的"软件衔接"。近年来,中国—东盟金融合作取得长足进展,"清迈倡议"多边化协议总规模已扩大至2400亿美元。中方愿推动双边本币互换协议的实际运用,鼓励跨境贸易和投资中使用本币进行结算,完善区域金融风险预警和救助机制。中方倡议成立的亚投行,将为东南亚地区互联互通提供更加便捷、开放、有效的融资平台,更好地促进地区各国实现共同发展。借"一带一路"的东风，中国和东盟国家可以更好地发挥中国—东盟银联体作用，进一步扩大双边本币互换的规模和范围，强化清迈倡议多边化合作，完善2400亿美元外汇储备库操作程序，扩大跨境贸易本币结算试点，降低区内贸易和投资的汇率风险和结算成本。"一带一路"倡议的提出，还有利于中国和东盟国家共同探讨制定区域金融合作的未来发展路线图，打造亚洲货币稳定体系、亚洲信用体系和亚洲投融资合作体系。

第四，"一带一路"倡议有利于促进中国—东盟人文深度交流。按照"一带一路"的设想，2015年是"中国—东盟海上合作年"。中方已承诺，今后3—5年将向东盟国家提供1.5万个政府奖学金名额，向亚洲区域合作专项资金注资，用于深化人文合作，进一步发挥中国—东盟青年联谊会、中国—东盟思想库网络的积极作用。中方还允诺将继续支持中国—东盟中心、中国—东盟思想库网络、中国—东盟公共卫生合作基金等平台建设，继续实施中国—东盟科技伙伴计划，建立中国—东盟科技创新中心，建立中国—东盟环保技术和产业合作交流示范基地等。

第五，"一带一路"倡议有利于加强安全领域对话与合作，从长远上化解南海争端。在21世纪海上丝绸之路倡议的带动下，中国—东盟防长特别会逐步起步，双方在防灾救灾、网络安全、打击跨国犯罪、联合执法等非传统安全领域深化合作，为此中方已倡议制定"中国—东盟救灾合作行动计划"，加强与东盟灾害管理人道主义援助协调中心的联系，愿提供 5000 万元人民币用于防灾救灾合作。中国、东盟已提出打造海洋合作伙伴关系的设想，中方为此已设立 30 亿元人民币的中国—东盟海上合作基金，欢迎东盟国家申报项目，第一批落实的 17 个项目将用于支持海洋经济、海上互联互通、海上环保和科研、海上搜救等合作。2013 年 11 月"中国—东盟海洋合作论坛"首次在印尼举办，目前双方正在研究推进渔业基地建设、海洋生态环保、海产品生产交易、航行安全与搜救以及海上运输便利化等合作，并就如何构建中国—东盟港口城市合作网络展开探讨。中方还表示愿与东盟国家建立海上执法机构间的对话交流机制，开展人员培训、联合巡航等合作。近年来，中方提出南海"双轨制"的政策，展现了更加灵活务实的姿态，得到了东盟大多数国家的赞许和认同。

（3）"一带一路"在东南亚"落地"仍面临难题

中国和东盟山水相连、文化相通、血脉相亲、利益相融，在历史上就保持着密切的经贸往来。中国和东盟经历 1997 年亚洲金融危机考验后，东盟国家看到中国的担当和承诺，进一步加强了与中国的合作。东南亚大多数国家均对华抱有合作期待。2003 年，中国—东盟建立战略伙伴关系，拉开"黄金十年"的序幕。2010 年 1 月 1 日，中国—东盟自由贸易区全面建成，区内关税逐步实现 90% 以上的商品零关税。截至 2013 年底，中国已连续 4 年成为东盟第一大贸易伙伴，东盟也连续 3 年超越日本成为继欧盟、美国之后的中国第三大贸易伙伴、第四大出口市场和第二大进口来源地。根据中国商务部统计，2013年中国—东盟双边贸易额达4436亿美元，是2002年的8倍，十年间年均增长20.9%。2014年1—7月，中国—东盟双边贸易额达2600多亿美元。截至2014年7月，中国—东盟双向投资累计达1200亿美元。此外，中国—东盟形成了"10+1"、"10+3"等诸多合作机制，这些都是"一带一路"与东南亚实现"无缝对接"的扎实基础。

然而，中国—东盟在"一带一路"对接上也存在诸多问题：

一是中国—东盟互信仍不足，尤其是民间交流和了解仍不深不实。近年来，中国—东盟之间围绕海洋和贸易问题的摩擦有所增多，主要原因是随着交流增多，双方交往深度仍不够，加之受美国、日本等外部大国误导，东盟国家对中国误会、误解增多。因此，双方不仅要提升经贸互利水平，还要兼顾政治、社会和思想文化领域的交流，促进真正的相互理解和包容，这是"一带一路"建设对中国—东盟关系提出的新要求，也是中国—东盟关系长期面临的挑战。

二是双方对彼此国家的实际需求、发展战略和社情民意了解和研究仍不够。中国与东盟国家长期以来虽近在咫尺，但相互了解有限，中国人对东南亚国家风土人情、法律法规、经济发展的了解不够，东南亚国家对华亦然。其中原因十分复杂，既有双方都注重向西方发达国家借鉴发展经验的相似心理，也有双方对彼此重视不够的问题。部分中国人还存在只看重大国、对周边中小国家"不感兴趣"的"大国心态"，而东南亚一些国家也存在对中国这一"庞然大物"的担忧和隔阂心理。随着中国"一带一路"倡议的提出，双方缺乏深层了解的弊端更加突出。

三是中国和东盟相互投资领域仍不够宽，贸易和投资结构还不够平衡。截至目前，中国对东盟国家的投资总体上集中于基础设施建设、能源资源和原材料等领域，对东盟国家的发展起到很大的推动作用，但不足的是在生产性加工、轻纺服装鞋帽、小商品和小家电生产、民生行业、农业技术和农机推广应用、民间联合研发等方面仍存在滞后效应。根据中国商务部统计，截至2013年底，中国企业累计在东盟国家非金融投资总额为293亿美元，而东盟国家来华累计实际投资854亿美元，东盟投资是中方投资的2倍多。应该说，这样一种结构是过去特定时代的产物，正是因为中国改革开放以来从东盟国家吸引了大量资金，才有中国经济实力发展壮大的今天。本着平等互利、多予少取甚至只予不取的睦邻安邻富邻原则，中国对东盟的投资理应提升。未来，中国和东盟在实现贸易和投资自由化、便利化，减少非关税壁垒，放宽市场准入，促进人员往来，削减负面清单方面也需要做更多"松绑"的工作。

四是中国和东盟国家在推进"一带一路"合作时仍面临外部风险因素的挑战。当前，世界经济仍处于深度调整中，全球经济复苏过程还存在不确定因素，如金融危机的深层影响仍未消除,债务失控、增长失调、南北失衡等矛盾仍然存在。亚洲虽然发展很快,但各国发展不平衡,保增长、促民生的任务十分艰巨。受发达国家退出量化宽松政策的影响,一些东盟国家资本流动逆转,金融市场波动加剧,东盟国家面临资本外流、货币贬值、增长放缓、通胀上升等挑战。而世贸多边谈判无大的进展,美国积极推动跨太平洋战略伙伴关系协定(TPP)和跨大西洋贸易与投资伙伴关系协定(TTIP),与亚太地区以及欧盟的发达国家研究制定新的贸易规则,提出了更加苛刻的原产地原则、劳工权益准则、知识产权保护准则、政府采购限制、国有企业权益限制、环境保护准则等标准,强化对发展中国家的约束。在这些领域,中国和大多数东盟国家均面临较大的挑战。

(4)"一带一路"倡议下中国—东盟关系发展前景

"一带一路"倡议在东南亚国家推广、落地虽面临机遇与挑战并存的复杂局面,但总体上利好大于争议,中国—东盟关系将进一步走向"互谅、互让、互利、共赢"。

首先,中国与东盟国家实现"你中有我、我中有你"的深度利益交融是发展大势。当前,全球经济增长速度整体放缓,发达国家经济虽出现了一些积极迹象,但世界经济仍处于深度调整,全球经济复苏过程还存在不确定因素。在充满挑战的国际经济形势下,中国和东盟最主要的任务还是发展经济、改善民生、共同繁荣,发展是双方最大的公约数，坚持经济优先、发展优先、民生优先，这是双方最大的合作需求。如果东盟经济发生问题，中国也难逃影响；而中国经济出现起伏，东盟肯定会最先感受到。为了应对可能发生的和不可预见的风险和挑战，中国和东盟必须抱团取暖，这是共同利益的必然要求，因此"一带一路"倡议在东南亚国家中有着巨大的需求和旺盛的生命力。据中国商务部估计，今后5年，中国将进口超过10万亿美元的商品，对外直接投资将超过5000亿美元，出境旅游超过5亿人次。中国和东盟推进自由贸易区升级版建设，将在贸易、投资、互联互通、安全、服务、文化、科技、培训、产业、环保等多个领域加强合作，密切行业对接和产业合作，推进泛亚铁路等互联互通建设，推动金融合作与融资平台建设，这是有利于双方的大好事。此外，中国—东盟自由贸易区升级版谈判的顺利推进，还可以成为RCEP谈判良好发展的催化剂，助推RCEP谈判取得更大突破与早日落实，从根本上有利于加速东亚地区一体化并削弱TPP对发展中国家的负面影响，为双方共同应对全球经贸规则变动积累经验，有利于双方共同维护在亚太地区乃至全世界经济体系中的话语权。

需要指出的是，亚投行的建立对中国—东盟共同发展及提升双方国际金融话语权具有极为重要的意义和深远影响。第一，亚投行将弥补东盟国家在基建投资方面长期面临的缺口问题以及与之相配套的设计问题、施工问题、维护问题、使用问题等，增强东盟活力。东盟大多数国家现在仍处于工业化、城市化的进程中，工业化和城市化的前提是基础设施建设要配套，否则进一步的发展就成为一句空话，甚至会陷入中等收入陷阱。亚投行恰恰可以发挥中国的优势，在资金和基建上以己之长补东盟之短，为东盟雪中送炭，体现了中国真诚帮助朋友和伙伴的诚意。第二，亚投行将减少东亚区内资本外流，提高亚洲区内资金的利用率，增强亚洲活力和东盟活力。亚投行的主要任务之一是将亚洲的高储蓄变成高投资，真正用亚洲人民自己的钱，投入关系国计民生的项目，为地区的发展奠定长远基础。第三，亚投行与其他国际银行和金融机构是相互协作、互相补充的关系。亚投行不存在与国际货币基金组织、世界银行的竞争关系，对亚洲开发银行在亚太地区的投融资与国际援助职能反而有很好的补充作用，因为这些机构长期以来在亚洲地区的最大投资短板就是基础设施建设投资和援助，而基础设施建设恰恰是本地区各国最缺乏而中国最擅长的领域。事实上，亚洲基础设施开发有巨大的融资缺口。根据亚洲开发银行估计，2010—2020年十年间，亚洲地区至少需要8万亿美元基础设施资金，单凭原来的少数银行是不够的，中国的参与至关重要。

其次，中国与东盟在安全领域的对话与合作是亚太地区一体化发展的必然。毋庸讳言，近年来中国与东盟国家在安全领域尤其是南海问题上的不和谐音增多。例如，南海争议自2009年以来就成为中国—东盟关系最突出的干扰因素之一。中国政府提出洽签《中国—东盟睦邻友好合作条约》、构建21世纪海上丝绸之路、打造中国—东盟海上合作伙伴关系、设立中国—东盟海上合作基金等倡议，初衷是为了疏解民众的情绪，凸显合作共识，促进务实合作，试图把这些年因为误解而受到损伤的双方感情"补"回来，从根本上培育战略互信。中国政府提出洽签《中国—东盟睦邻友好合作条约》，就是对东盟做出战略再确保，让东盟国家吃"定心丸"。这显示中国政府是有担当、有诚心的，愿通过友好协商寻求妥善解决之策。这也表明，南海争议不是中国和东盟国家关系的全部，更不应该影响中国—东盟合作的大局。邻居是不能选择的，中国与东盟均深知"合则两利、斗则两害"的道理，双方千百年来总体和睦相处，彼此没有理由不继续友好相处下去。21世纪海上丝绸之路是对古代海上丝绸之路的继承和发展，本质是和平友好、共同发展、共同繁荣。东南亚是21世纪海上丝绸之路的"重中之重"，东盟国家不仅可以从中更多地获益，还可借机进一步提升在亚太地区的海上贸易中心地位、枢纽地位，更可逐步缓解南海焦虑，逐渐培养对华合作信心，最终实现南海争端的和平解决。

此外，笔者相信，随着中国内外改革调整的逐步到位，中国作为"君子之国"的风采必将得到更多东南亚国家认可，双方民间交流与互信不足的短板必将逐步"补齐"。中国政府一系列合作新理念的提出，已经初步展现了一个正在勇于自我改革、善于自我完善、敢于自我创新的中国，受到越来越多东南亚人士的欢迎和认可。随着时间的推移，东盟国家将进一步认识到,中国对东盟的合作是真心实意的,中国与东盟并肩发展、加强合作具有深远的意义。2015年底东盟经济共同体建成后,中国与东盟将分别是全球第二和第七大经济体、前两大发展中经济体。正如李克强总理2014年11月在参加东盟领导人会议时指出,中国视东盟为真诚的战略合作伙伴,真心希望与东盟团结起来,东盟必将了解中国的"良苦用心"。

一个良性互动、健康有序、生动活泼的"中国—东盟关系新时代"已为期不远。

6 中巴经济走廊的地缘经济意义

2014年11月,中巴两国正式签订"中巴经济走廊建设远景规划",并将中巴经济走廊(以下简称"走廊")定性为"一带一路"倡议的旗舰工程。该规划具体涉及四大领域30多个项目,2030年基本完工。2015年4月习近平主席的巴基斯坦之行吹响了大规模推进"走廊"建设的号角。访巴期间两国领导人见证了51项协议的签订,中方承诺的资金投资高达465亿美元。其中,34项与"走廊"建设直接相关。

依据"走廊建设远景规划"与习主席访巴期间签订的具体"走廊"建设协议,未来"走廊"建设将主要推进四大领域的发展,包括运输与基础设施、能源、瓜达尔港和产业园区建设。"走廊"建设必将成为习主席访巴期间宣布的中巴构建"全天候战略伙伴关系"的最强大支撑。

"走廊"建设的重大意义不限于经济领域，更将体现在政治、军事、社会、外交等领域，但从根本上而言，"走廊"建设的经济意义是其他意义得以体现的物质基础，这也是本文着眼于阐述"走廊"建设的地缘经济价值的重要原因所在。

（1）对于中国的经济意义

"走廊"建设对中国经济的意义在于，它将有助于推动中国优势产业产能与机械装备对巴的转移与出口，缩短我西北地区的入海通道，推动人民币国际化等。更为重要的是，"走廊"是"一带一路"倡议的旗舰工程，"走廊"的成功还将对"一带一路"倡议产生积极宣传、推进作用。

一是利于中国转移优势产业。产业转移旨在重新配置生产资源。当前中国沿海生产成本，尤其是劳动密集型与资本密集型产业的生产成本逐年上升。过去以廉价劳动力、土地和环境资源消耗为主的粗放式经济发展模式难以为继。在这一模式下催生与繁荣的相关产业必须寻找成本洼地，以求继续生存。例如，以劳动力价格为例，自2012年起，中国15—59岁的劳动人口出现下降，当年即减少345万。此后每年出现200万—300万劳动力的减少。随着中国劳动力的减少以及人口受教育程度的提升，尤其是独生子女群体吃苦耐劳和拼搏精神的相对弱化，劳动力成本逐年攀升。国际劳工组织2014年12月推出的报告显示，2013年中国工资增幅高达9%，雄冠全球（2013年全球工资平均增幅为2%）。以主要承担喀什经济区援建任务的深圳为例，2014年工人的最低月工资为292美元，而临近的越南海防工人最低月工资为150—200美元，这是近年不少在深圳的日韩企业——尤其是家电、手机等组装类企业——迁往越南的一个重要原因。考虑到巴基斯坦工人2013年月均工资仅119美元，随着"走廊"建设的逐步推进，中国沿海劳动密集型产业，如纺织、服装、电器、日常小商品等中方企业完全可以迁至巴境，充分利用巴的人口红利（1.9亿人，六成余不足在25岁，英语与IT人才多）。其中，纺织与服装业长期以来既是巴传统支柱产业，又是巴出口龙头产业。随着"走廊"建设不断推进，因国内生产成本推高而不断丧失国际市场竞争优势的中国纺织与服装业可以顺势迁入巴境，借重巴纺织业与服装业的产业基础与人口红利，并充分利用巴、中国新疆乃至中亚地区的优质长绒棉资源。此举将利于盘活自身过剩产业产能。

　　值得一提的是，位于"走廊"北端的是新疆喀什经济区，系深圳援建。由于深圳拥有富集的资本、丰富的管理经验、优秀的研发团队以及各类型产业基地，出于进一步提升深圳产业竞争力的考虑，一些中下游产业可以由深圳向喀什经济区、"走廊"产业园及"走廊"南端的瓜达尔港及其经济特区迁移，从而形成自北向南沿整个"走廊"建设带的完整产业链，并利用巴当地充沛的自然资源、劳动力及优越的地理位置，进入印度洋继而进军国际市场。

二是利于中国消化富余产能。2015年4月20日，中国工业和信息化部下发了《关于印发部分产能严重过剩行业产能置换实施办法的通知》。依据工信部的这个通知，当前中国存在严重产能过剩的产业至少包括钢铁（炼钢、炼铁）、电解铝、水泥（熟料）、平板玻璃等行业。此外，中国政府为应对2009年金融危机而推出4万亿人民币投资的量化宽松政策催生了国内市场难以消化的太阳能板、风电设备等过剩产能。例如，2012年，中国曾有9亿吨钢产卖不出去，被库存起来；90%供出口的多晶硅也因过度投资而产能严重过剩，西方市场难以消化，价格一落千丈，2012年的价格仅及高峰期间的3%；造船业、汽车组装业这几年也出现严重的重复建设与产能过剩压力。所有这些优势富余产能恰恰是巴发展所需，完全可以借"走廊"建设而向巴转移。例如，河北省计划于2023年前，将2000万吨钢铁、3000万吨水泥和1000万吨重量箱的玻璃转至国外，而巴应是其中一个较为理想的转移目标地。

习主席2015年4月访巴期间签订的协议就包括诸多中国存在富余产能的领域的合作。这些富余产能不仅可以渐次进驻巴现有的产业园区，更可以进驻今后沿"走廊"而布局的新产业园区。考虑到巴本身及周边地区市场远未深度开发的现实，同时利用巴为南亚区域合作联盟成员及毗邻西亚—中东市场的有利条件，这些转移入巴的富余产能势将重焕光彩，再度为中国经济发展发挥余热。

三是利于中国出口优势装备。在"走廊"建设所涉及的四大重点领域，中国均有很强竞争力。当前，中国不仅在核电、煤电、水电、风电、太阳能等能源领域拥有性价比极高的装备制造能力，而且在高铁、地铁及各类列车车体、各类船舶方面也拥有很强的生产能力，尤其是在管网、路桥、港口的建设方面，中国更是拥有其他国家难以比拟的价格优势、质量优势与技术优势。考虑到巴电力短缺严重，中国在电力生产领域拥有的超强装备生产优势将因此得到充分发挥。以清洁能源生产为例，2014年，全球清洁能源总投资同比增长16%，从2013年的2680亿美元增至3100亿美元，然而，中国一家约占全球清洁能源投资总额的29%，四分之三投入风能和太阳能。目前中国太阳能发电市场跃居世界第一，风力发电也居世界前茅。

四是利于中国西北尤其是新疆大幅缩短对外贸易运输距离。不论向东还是向西，新疆离出海口都相距甚远。新疆与南亚、中东和非洲的贸易往来将因"走廊"建设而大为缩短。对新疆而言，自北而南贯穿巴基斯坦抵达印度洋的最短距离仅2395公里。这意味着，新疆过去经由西太平洋水域与南亚、中东和非洲的贸易往来将因此缩短上万公里。假以时日，随着中巴铁路网与公路网的贯通，新疆进出物资将更加通畅，新疆与巴的贸易也会直线攀升。当前，新疆与巴的贸易额仍相当有限。2014年中巴贸易额达142亿美元，但受制于交通等基础设施，中国唯一与巴基斯坦接壤的新疆对巴贸易额仅1.47亿美元。相较之下，新疆与哈萨克斯坦双边贸易额高达122亿美元。

五是人民币国际化与外汇储备投资多元化。"走廊建设远景规划"中涉及的项目资金投入至少高达465亿美元。"走廊"建设对于人民币国际化大有裨益，对中国外汇储备用途多元化裨益匪浅。

截至2014年底，中国官方外汇储备为3.84万亿美元，居全球各国之首。央行收汇需要投放人民币基础货币，加剧政府本就严重的货币超发问题。在政府资本管控下，企业外贸所得美元，政府须购买并以人民币折算返企。因此，由于美元汇率波动，不搞外汇投资，每年会有近3%的损失。3%的损失意味着每年1000余亿美元的流失，相当于亚投行的法定资本总额。

一国的外汇储备只有保持与其贸易进口额的一定比例才不会成为负担。这一比例通常有两种算法：一种是以满足5个月的进口需要为最佳标准，满足2个半月的进口需要为最低要求。2013年中国进口为19504亿美元，5个月的进口约为7800亿美元。以此为准，2013年外汇储备（3.82万亿美元）的超标率高达389%；2014年，中国进口19610亿美元，仅比2013年增加了0.4%，依此标准，中国2014年的外汇规模也不应超过8000亿美元。另外一种算法是储备/债务比例法。这一方法认为，外汇储备量以占全部外债余额的40%为宜。截至2013年底，中国外债余额为8630亿美元，2014年年底为1.1万亿美元（增速世界第一）。因此，2013年，中国相对应的外汇储备标准为3452亿美元，这一数额不及2013年底外汇储备的十分之一；而2014年对应的外汇储备标准为4400亿美元，只是2014年底外汇储备的11%。

当前中国外汇的主要去处是购买美国国债。但随着"一带一路"建设的推进，外汇显然可以发挥更大的资金支持作用，因为"一带一路"所涉国家大多是资金严重短缺的国家。某种程度上，以外汇储备投资包括"走廊"建设在内的"一带一路"建设，实际是将"外在闲置资金"、"发达国家对我债务"部分地变成"发展中国家对我债务"，推动中企走出去。2014年，中国出现了两个"第一"：一是吸引外资1124.5亿美元，超过美国成为全球第一大外资吸引国；二是对外投资规模第一次超过吸引外资的规模，2014年全行业对外直接投资1160亿美元，12年间增长近40倍。未来五年，中国对外投资将超过5000亿美元。这也就意味着，作为"一带一路"倡议旗舰项目的"走廊"建设有理由成为中国外汇多元化使用的一个重要去处。丝路基金资助的第一个项目即是于2015年4月投资巴水电项目——卡洛特水电站。

二是"走廊"的大规模建设也利于人民币的国际化进程。截至2014年底，世界上已有15座城市启动了人民币清算行服务。中国已同20多个国家和地区签署了货币互换协议。通过采取这些举措，人民币很快将成为可兑换货币。实际上，2008年美国次贷危机爆发后，中国政府即致力于推动人民币跨境贸易结算与离岸人民币金融市场建设。2009年开始，中国政府启动跨境贸易人民币结算试点。如今，人民币跨境贸易结算规模已由 2010 年第一季度的 184 亿元上升至 2014 年第四季度的 1.73 万亿元，同期人民币跨境结算规模占中国跨境结算总规模的比重则由 0.4% 上升至 24.7%。2014 年 11 月起，人民币在全球结算货币中的排名仅次于美元、欧元、英镑和日元。2011 年 12 月 23 日，中国人民银行与巴国家银行在伊斯兰堡签署了中巴双边本币互换协议，互换规模为 100 亿元人民币/1400 亿卢比，有效期三年。而且，早在 2007 年 7 月中巴两国即成立了联合投资银行。可以料定，随着"走廊"建设的深入，中国外汇储备对巴投资规模以及中巴本币互换规模都会扩大。

(2) 对巴基斯坦的经济意义

中国当前拥有雄厚的资本、先进的生产技术和强大的生产能力与基建能力，工业化正处于转型升级阶段，而巴基斯坦尚处于工业化初期，需要更发达的基础设施、更包容且更快速的经济增长。显然，"走廊"建设可通过中国优势产能对巴转移，在盘活中国存量、鼓励中企发挥集群优势的同时，更能做大巴基斯坦增量，助巴在较短时期内实现经济腾飞。

实际上，判断"走廊"建设的成功与否并不在于中国能从中获取多少经济利益，而主要在于巴基斯坦能否借助"走廊"建设实现经济强国之梦。

一是助巴塑造经济形态，改变"无支柱产业"的结构性困境。从 2013/2014 财年巴产业结构来看，巴仍是一个以农业生产为主的国家。这一财年里，巴农业产值在 GDP 中占比 25.3%，七成人口以事农为生；工业产值占比 21.6%，但缺乏支柱型产业；服务业虽占比 53.1%，但大都属低附加值的服务业，尤以街头小商小贩为主，属于"挣多少花多少"经济活动形态，对生活水平提高助益不彰，且对国民经济增长推力不大。而且，由于传统产业，如纺织业、皮革业等的严重下滑，巴多年来经济增速在南亚几乎垫底。

首先，"走廊"建设利于推动巴电力大发展。在 2014 年 11 月两国"走廊"建设联委会公布的规划蓝图以及 2015 年 4 月习主席访巴期间达成的与"走廊"建设密切相关的 34 项协议中，能源板块为重中之重，占习主席访巴期间签订的 465 亿美元总投资的 83.4%。这些能源项目几乎涉及所有能源种类，重在依托巴的资源禀赋与中国的优势产能，全面快速解决巴面临的能源短缺危机。巴电力需求为 1500 万—1800 万千瓦，但发电能力只有 1100 万千瓦，电力短缺严重影响该国经济发展。每年仅因能源短缺便迫使 15%—20% 的纺织企业外迁至斯里兰卡、孟加拉国等地。2013 年 6 月巴基斯坦总理谢里夫访华期间，中国宣布将在巴建造 14 座发电厂。2014 年年底，中巴双方已就 2015—2017 年能源项目合作做出了全面规划，如果所有项目完工，巴电力生产能力将有大提升，最终目标是使巴年发电量达到 2100 万千瓦。

第一，煤电。巴已探明的煤炭储藏量为 1860 亿吨，居世界第七位，但在能源结构中仅占 6.5% 左右。"走廊"建设涉及到的煤电项目有两个：一个是卡西姆港煤电站项目（2×66万千瓦，由中电建公司和卡塔尔公司联合投资），另一个是沙西瓦尔煤电（2×66万千瓦，由山东如意集团和华能山东有限公司联合投资）。此外，两国企业还要开采世界第六大煤矿层塔尔露天煤矿（年产380万吨，由巴基斯坦信德省政府和中机设备公司联合投资）。第二，核电。中国自20世纪60年代开始就与巴基斯坦开展民用核能合作。2004年加入核供应国集团之前，中国已在旁遮普省的恰斯玛建造了一座反应堆，并已开始建造第二座（恰斯玛一期1993年开工；二期2001年开工，2012年底建造完毕）。2010年2月，两国又签署了在恰斯玛建造另外两座反应堆的协议（两座反应堆于2013年10月正式交付巴），这是第三代先进核反应堆ACP1000型（A指先进，C指中国，P指压水反应堆）。2015年4月习主席访巴期间，双方又签署了恰希玛核电五期项目（发电能力110万千瓦）。依照巴的核电发展规划，巴希望到2030年实现核电发电880万千瓦。第三，水电。利用巴境内的水电资源，已探明并初步确定电站位置的蕴藏量为5677万千瓦。目前，中国公司正在参与修建尼勒姆·杰勒姆水电站。该水电站被称为巴基斯坦的"三峡工程"，不仅是巴基斯坦目前在建的最大水电工程项目，也是中国建筑承包商在海外承建的最大水电工程项目之一。于2008年正式启动，预计2016年正式完工，总投资超过35亿美元，竣工后总装机容量将达到969兆瓦，年发电量51.5亿度，直接经济效益每年达5亿美元。另外，丝路基金的第一个项目是于2015年4月投资巴水电项目卡洛特水电站（装机容量72万千瓦，16.5亿美元，位于杰勒姆河上）。此外，中国企业还参建巴不少中小型水电站。第四，新能源发电。如巴哈娃尔普尔真纳太阳能电站项目，是巴基斯坦第一座装机容量达10万千瓦的大型太阳能光伏电站，由中国企业新疆特变电工承建。这座太阳能电站是"走廊"建设框架下第一个实施完成的项目，每天向附近的旁遮普省提供清洁电源50万度，有效缓解了当地的电力紧缺状况。

其次，"走廊"建设利于巴发展矿产经济。巴金属资源矿藏丰富，集中在西部查盖地区，这里有一条长480公里、宽50公里的金属矿藏带，富含铜、铅、锌等。以俾路支省为例，巴共有9大成矿区，其中5个落在俾省。目前统计，俾省共有50多种金属及非金属矿藏，其中，天然气、煤、铬铁、铅、铜、硫磺和大理石储量丰富。山达克铜矿是世界上最大铜矿之一（1962年发现），而1952年发现的苏伊天然气田则是世界十大天然气田之一。俾省首府奎达的欣杜巴格铬铁矿为世界上最大的铬铁矿之一。然而，俾省乃至巴全境的金属矿藏都开采有限。由于同处相同的地质成矿地带，阿富汗也矿藏丰富，西方人估计价值3万亿美元，阿方估计为6万亿美元。一些矿藏品位极高，如中冶竞标获采的艾纳克铜矿品位高达3.2%（一般在0.7%左右）；印度矿企竞标的哈吉科特铁矿储藏约20亿吨，含铁量65%—68%，几乎就是铁疙瘩。然而，因安全问题困扰，外企鲜有来阿投资开矿，目前只有中印三家矿企进军阿矿产资源的开采。此外，巴还毗邻油气资源极其丰富的波斯湾地区。总之，围绕巴本身及其周边地区的各类地下矿藏，巴可大力发展各种冶炼业。而中国在这方面恰恰拥有优势产能、先进技术以及充沛资本，通过"走廊"建设，中国有能力助巴大力发展资源经济。

第三，振兴巴传统纺织、制衣、服装加工业。巴基斯坦建国以来即以纺织业、制衣业为重点产业与出口大户，巴产长绒棉是其重要原料来源。但近几年受电力短缺的严重困扰，巴纺织业不断外迁斯里兰卡和孟加拉国，仅旁遮普省 2011/2012 财年即有数百家纺织小企业关门，50 万工人失业。与此同时，本身就是纺织业大国的中国，近年随着劳动力、厂房、土地等生产要素价格上涨，竞争力有所下降。如今，随着"走廊"建设的依次展开，中国纺织企业可进驻各产业园区、经济特区，利用巴、新疆乃至中亚（欧亚大陆重要的优质长绒棉产区，是苏联的重要棉库）一带优质长绒棉，以及巴丰富的劳动力，重振巴服装加工业、制衣业和纺织业，巴纺织业有望迎来春天。

振兴传统支柱产业不仅改善巴的经济结构，更重要的是还将提高巴的就业率。根据巴联邦统计局的数据，2012/2013 财年巴的失业率为 6.2%，其中城市失业率为 8.8%，农村为 5.1%。巴经济增速一旦出现大幅跃升，巴就业率势必也会出现明显提高。

第四，大力发展港口经济。作为"走廊"建设四大重点之一的瓜达尔港建设将为巴带来港口经济大发展。一方面，瓜达尔港地理位置优越，离世界上最为繁忙的能源通道霍尔木兹海峡 400 公里，加之整个俾路支省大陆架自然延伸至波斯湾出口，巴坐拥对霍尔木兹海峡、乃至世界能源通道源头的不可忽视的牵制力与影响力。更重要的是，瓜港可为往来波斯湾船只提供各类服务。在这方面，喀什经济区的援建方深圳可发挥重大作用。深圳在短短 20 余年的时间里由一个小渔村成长为世界级现代化港口城市，每年集装箱吞吐量位列世界第三（仅次于上海和新加坡）。深圳的经验、技术与资本完全可为瓜港（现在基本上还是一个小渔村）的未来发展提供大力支持。另一方面，瓜港建设将包括经济开发区建设。瓜港仅靠港口服务远远不行，只有将自由贸易区、加工区纳入进来，瓜港才会蓬勃发展。拟建中的瓜港经济区建设面积为 2000 平方公里，其中内含 9.24 平方公里的瓜港自由贸易区。瓜港 2015 年 4 月中旬开始商业运营后，已陆续有一些中外企业进入瓜港自由贸易区了。

总之，瓜港可利用阿巴金属矿藏带以及波斯湾油气资源，建立现代化的冶炼工业体系；利用其处于中西南"三亚"的中心位置，建立物资集散与贸易枢纽中心；利用毗邻世界最繁忙能源要道的地理便利，发展现代船运服务业；利用巴"人口红利"（六成余不足 25 岁）以及欧盟 2014 年 1 月 1 日开始实施的"超普惠制安排"、中巴 2007 年即开始实施的 FTA 安排、南盟 2006 年 7 月 1 日开始实施的"南亚自由贸易协定",建立纺织品生产基地、出口加工基地等。

二是改变巴基础设施落后的局面。巴经济发展除受困于安全环境之外,还长期受制于电力短缺、交通破败。近十年来,电力短缺导致纺织业、皮革业不断外迁其他国家,每年给巴带来的经济损失相当于 GDP 的 2%。此外,缺电也引发政治与社会动荡。俾路支省 2014 年底即因为每天停电 22 小时而出现游行示威抗议。

巴当前的交通运输基本以公路为主,公路总里程目前仅为 26 万公里,且只有 60% 为柏油马路。2013 年,巴的公路密度仅为 0.32 公里/平方公里,远低于南亚邻国印度、孟加拉和斯里兰卡的水平。巴部落区、山区的交通状况则更为落后。穆盟(谢)政府 2013 年上台以来,为紧缩财政,削减发展开支,基础设施建设放缓。2013/2014 财年新修公路里程仅 360 公里。铁路布局也严重失衡,设施老旧,货物和客运能力较低。

互联互通是"走廊"建设的重要一环。依据"走廊建设远景规划",2015—2017 年间,中巴两国要拓宽通向中国的喀喇昆仑公路,改善南起卡拉奇、东至拉合尔、北达白沙瓦的铁路网,还计划铺设中巴间的光纤电缆。2014 年,巴方已完成喀喇昆仑公路升级改造二期、拉合尔至卡拉奇高速公路等项目的立项。2015 年,这两条公路正式开工建设。

三是提升巴地缘政治与经济地位。巴地处南亚与西亚之间,且毗邻波斯湾;是穆斯林国家中综合军力最强者,既能在阿富汗重建中发挥关键作用,又能在中东教派冲突中扮演调解角色;既与什叶派人数最多的伊朗因传统历史的因缘际会而关系密切,也与逊尼派人数最多的沙特因冷战期间结成的"战斗"友谊及当今的教派影响而互动频繁。然而,"9·11"以来,巴深陷反恐战争泥淖,经济濒临崩溃边缘,一个有着优越地缘资产的巴基斯坦却被周边国家日益视为"麻烦"。"走廊"建设将在很大程度上盘活巴的地缘政治与经济资源,从而增强巴的区位战略优势。巴的强国梦只有在真正盘活巴地缘资源的基础上才能得以实现。

(3) 对中巴两国的经济意义

长期以来,素有"巴铁"之称的中巴关系基本由政治与安全"双轮"驱动。然而,随着未来至少15年内两国集中精力推进"走廊"建设,中巴关系将实现重大飞跃,由当前政治与安全"双轮"驱动升华为政治、安全、经济与社会交往"四轮"驱动。实际上,这正是习主席2015年4月访巴期间宣布在中巴已有"战略伙伴关系"定位前加上"全天候"的根本原因所在。

就"走廊"建设对中巴经济关系的作用而言,至少有三大推动。

一是推动两国贸易更趋平衡。中巴贸易具有一定互补性,合作空间和潜力较大。全球金融危机以前,双边贸易增速均保持在20%以上。2011年以来,中巴贸易年均增速为14.6%。2012年开始,中国成为巴第一大贸易伙伴国

（是巴第二大出口市场和第一大进口来源国）。然而，长期以来，中巴贸易一直处于严重失衡状态。尤其是2013/2014财年，双边贸易逆差占双边总贸易额的近八成。该财年巴对外贸易711.11亿美元，其中贸易逆差192.77亿美元，而其中仅对华贸易逆差就占到54.4%。不管何种原因，这种严重的贸易失衡实际是对两国关系的一种干扰。

随着"走廊"的建设，尤其是产业园区建设、瓜港沿海临岸经济与港口经济特区发展与开发，中国优势产业产能迁往巴基斯坦，并在当地替代进口产品，中巴经济关系将从过去简单的双边贸易关系向涵盖投资设厂、贸易往来、联合研制、开发第三市场等多层面的经济关系推进。假以时日，中巴贸易失衡问题将在很大程度上迎刃而解。

二是推进中巴贸易结构多元化。新世纪以来，中国对巴出口商品日趋多样化，机电产品所占比重逐年增加，但自巴进口的商品种类变化不大，仍停留在传统性商品上。中国对巴出口商品主要为：电子电器、机械设备、计算机与通讯产品、肥料、农产品等，其中机械设备及其配件在对巴出口总额中所占比重最高，2010—2011年高达36.62%。巴基斯坦对华出口商品为：棉纱线、棉机织物、粗铜、皮革等，其中包括棉花、棉纱和棉布在内的纺织原料及其制品所占比重最高，2010—2011年近七成，高达69.21%（巴成为中国棉纱进口最大来源国），这些均为附加值不高的产品。

随着"走廊"建设，巴纺织与制衣业振兴、大型冶炼业建立、船舶服务业兴建、贸易加工业及电子产品组装业建立等等,中国过去自巴进口的原材料将就地消化,中巴间贸易结构势必迎来重大变化。

　　三是促进两国人员往来。长期以来,中巴民间交往一直落后于高层、军方及商贾往来。由于中巴通道不畅(中巴喀喇昆仑公路每年只在5月1日—12月31日开通),加之"9·11"巴加入美反恐战争以来安全形势日趋严峻,除参与在巴项目建设的近万名中国人以及一些在巴留学的中国穆斯林青年外,少有中国人前往巴基斯坦游玩、生活、学习。然而,2014年,中国出境游突破1亿人次;未来5年,中国出境旅游人数将超过5亿人次。可以想见,随着"走廊"建设的不断推进,巴邻之间尤其是中巴之间以及巴内部的物理联通性将大为增强,为两国间的人员往来提供强有力的基础性支持。

(4) 对中巴所在地区的经济意义

　　"走廊"的规划者、建设者与参与者一定要破除这样的误读,即"走廊"就是中巴的"走廊"。实际上,"走廊"建设是属于本地区的一个重要发展规划,是地区乃至域外感兴趣的潜在参与者的一个共建共商共享的发展平台。"走廊"既然是一个地区性规划,就必须要与本地区国家的发展规划相对接,要视本地区所有国家的发展规划为"走廊"建设规划的有机组成部分,如美国力主推动的中南亚电网项目"CASA－1000"以及土库曼斯坦—阿富汗—巴基斯坦—印度的"TAPI 油气管道项目"。美还在资助修建从联邦直辖部落区到俾路支省奎达等地的公路（长 500 公里，建成后将有效改善巴方经查曼、托克汉姆口岸与阿富汗的道路联通状况），以及准备在巴西部地区建设经贸走廊。印度和伊朗则力主推进打通中西亚的"北南战略通道"计划，巴和伊朗仍有意加快推进两国间的"油气管道计划"。这些计划均可考虑与"走廊"建设的相关规划实现对接。实际上，"走廊"建设的最终目的是以此为平台，形成一个次区域发展网络。

特别是"走廊"建设能让阿富汗及中亚国家搭上中巴发展快车。阿富汗与中亚国家都是内陆国家，巴是这些国家进入海洋的最便捷通道。随着驻阿外军的撤离，阿未来重建更需加强与巴的经济合作。无论是阿矿业经济的大发展，还是阿与南亚其他国家贸易往来的大开展，都离不开巴。而"走廊"建设本身也包括与阿富汗的互联互通，包括打通阿通往印度洋尤其是瓜达尔港的通道。实际上，随着巴阿联通性的增强，"走廊"将在很大程度上成为中国海上丝路与陆上丝路经济带的联结桥梁。

7　中亚古丝路上的驿站之国——乌兹别克斯坦

两千多年前，张骞受汉武帝派遣出使西域。为团结西域诸国共御匈奴，出玉门关，经祁连山，虽然被匈奴人拘押十多年,仍然不辱使命继续寻找原打算结盟抗击匈奴的月氏(音如支)部落,一直向西走到"大宛国"。"大宛国"即今天乌兹别克斯坦的费尔干纳地区,这是张骞第一次出使西域走到最远的地方。现在虽然有各种历史资料证明,在张骞"凿空西域"之前已经有无数次中原人进入过西域从事商业活动,但将中亚地区风土人情准确信息带入中国的还应非张骞莫属。从此,古代中原不仅能够开始直观地了解中亚的情形,而且张骞两次"凿空之旅"带回了中亚地区的葡萄、苜蓿、核桃、芝麻等作物,也进一步丰富了中国农业文明的物质内容。同时,中亚地区的精神文化形式也随着物质文化的交流进入中原。尤其在隋唐时期,与"西域古乐"、"胡旋舞"等形式一道传入中原的,还有胡琴、笛子、唢呐等西域乐器,并逐渐被中原人民接受而加入了中国民乐的行列,最终演化成了中华民族精神文化中的基本元素。在今天的乌兹别克斯坦,当你参加节日、婚礼、割礼、开业等喜庆活动时,仍可以看到乌兹别克族的艺人吹奏一种叫"苏尔奈"的木制管乐器,这就是现在中国民乐中主打乐器唢呐的前身。乌兹别克民族对历史上的丝绸之路有着一种自豪感,因为他们认为自己的国家是丝绸之路上最重要的黄金路段和交通要道。今天,不论是在塔什干、撒马尔罕、吉扎克,还是纳沃伊、布哈拉、希瓦,在这些遍布着各个时期文化古迹的旅游城市中,随处可见以丝绸之路著名商队和驿站命名的旅店、餐厅、商店。

乌兹别克斯坦共和国，土地面积44.74万平方公里，人口3007.5万人（2013年4月1日，乌国家统计委员会数据）。这个拥有古老东方文明历史的国家位于中亚地区的中心，与哈萨克斯坦、吉尔吉斯斯坦、塔吉克斯坦、土库曼斯坦和阿富汗相邻。由于乌兹别克斯坦在地理上所处在的中心位置，早在公元前这里就成为中亚文明发祥的重要地区。阿姆河和锡尔河流域分布着许多绿洲，在上古时期就形成了相当发达的灌溉农业区。无论是长年游牧在中亚草原和山地的牧业民族，还是来自域外的强势政权和先进文明，都无一例外地选择这一地区作为统治整个中亚的中心。今天已被联合国教科文组织列入非物质文化遗产的撒马尔罕市，曾在最辉煌的时代以"东方罗马"著称于欧洲和世界。当亚力山大·马其顿大帝在远征波斯帝国的途中占领撒马尔罕时，对这座闻名西方的城市发出感叹："撒马尔罕比传闻中的还要伟大十倍！"此后，在几乎每一次较大规模的外族军事入侵和文化冲击当中，今天的乌兹别克斯坦所在地区的各大城邦都成为首选的目标。佛教在南亚次大陆形成后，经过北印度（今巴基斯坦）、阿富汗，在今天乌兹别克斯坦的铁尔梅兹、布哈拉、希瓦、安集延等地都留下了接力传播和本土化的历史痕迹，并由此经过新疆的库车、吐鲁番和甘肃的敦煌等地传入中原。伊斯兰教在阿拉伯半岛形成后，同样也是在乌兹别克斯坦的上述地区建立起强大伊斯兰教政权，在后来中亚出现跨地区的强大政教合一国家时，也成为向中国新疆辐射的中心。成吉思汗统一漠北建成了强大的蒙古汗国后,借商队在花剌子模(今天乌兹别克斯坦花剌子模州等地)被当地势力劫杀而发动影响世界历史的大规模西征。成吉思汗在西征占领的广大欧亚地域建立了几个大汗国并将封给了他的子孙们,其中次子察合台受封的汗国基本与中亚地区相重合,而察合台汗国的统治中心最初虽设在阿力麻里(今天新疆伊犁霍城附近),但由于继续向西的军事活动及与其他蒙古汗国的争夺,察合台汗国的政治和经济中心实际上很早就转移到今天乌兹别克斯坦的撒马尔罕、布哈拉、费尔干纳等地。直到14世纪察合台汗国被帖木儿帝国取而代之后,就干脆定都撒马尔罕了。

从18世纪下半叶到19世纪上半叶,俄罗斯花了近一个世纪的时间吞并了中亚地区。1717年,沙皇下令首批殖民者沿伏尔加河到达里海入海口阿斯特拉罕,第一个征服的目标就锁定了希瓦。虽然遭受顽强抵抗后改变了进军中亚的路线,但在征服了哈萨克草原后沙俄中亚当局仍将今天的乌兹别克斯坦各地视为真正的中亚腹地。直至1867年在塔什干建立了突厥斯坦总督区。沙俄殖民当局在中亚站稳脚跟后,将现在的乌兹别克斯坦地区农业和商业发达地区作为管理整个中心地区的中心。由于以灌溉农业和棉花加工与贸易为基础的商业活动在乌兹别克斯坦各地逐渐发达起来,早期的手工业也在这里出现了萌芽,来自俄罗斯和欧洲的资本开始在这里落脚,并形成了初级水平的工业生产和商业活动。直到"十月革命"后,苏维埃俄罗斯和苏联仍然在中亚地区延续了这种经营和管理格局。截至20世纪八九十年代苏联解体之前，作为中亚5个社会主义共和国之一的乌兹别克社会主义共和国仍然堪称苏联中亚的政治、经济和文化中心。这时乌兹别克共和国的首都塔什干已经是苏联第四大城市，居莫斯科、列宁格勒（今天的圣彼得堡）、基辅之后。塔什干大学不仅是乌兹别克共和国的最高学府，也是面向全中亚各共和国培养各类技术干部的高等院校，而且在全苏联高校中排名第三位（第一名为莫斯科大学，第二名为列宁格勒大学）。在苏联解体前的乌兹别克斯坦仅相当于中亚地区十分之一多的土地面积上，集中了中亚一半以上的人口（中亚五国总面积400.8万平方公里，总人口6000万）。独立建国23年来，乌兹别克斯坦的人口从2500万增至3000多万，如今这个比例仍在上升，这一指标也足以说明了乌兹别克斯坦在中亚地区的发达程度。

乌兹别克斯坦是个多民族国家，有129个民族，主体民族是乌兹别克族，占全国总人口的80%。乌兹别克族形成于公元14世纪。当蒙古西征时建立的四大汗国之一的金帐汗国处于没落阶段后，原汗国统治下的各部落纷纷独立，乌兹别克部落也在这一时期由金帐汗国分离出来。据说乌兹别克部落的名称来自于这个部落首领的名字，独立后在伏尔加河下游、里海北岸、东岸至咸海原属于金帐汗国的属地建立了独立政权。建成独立的政权后，原部落首领始自称为乌兹别克汗，在中国元朝史书上被称为"月即别"

或"月祖伯"等。乌兹别克汗国独立后，乌兹别克汗在自己的统治区内推崇伊斯兰教，乌兹别克人从此开始全民信奉伊斯兰教。15世纪时，金帐汗国彻底解体，部分部落人口迁往楚河流域。而许多留下的其他民族部落投靠乌兹别克汗国，由此形成了地域广阔、人口众多的乌兹别克部落联盟。15、16世纪之交，这些被统称为乌兹别克人的部落联盟南迁进入了中亚阿姆河、锡尔河流域的布哈拉、希瓦、乌尔根奇、撒马尔罕、塔什干等农业地区，并与当地操突厥语族语言的农业居民相融合，并从此逐渐改变了游牧的生活状态和生产方式，大部分乌兹别克人开始在中亚的传统绿洲农业区接受了农耕生活。由于乌兹别克人定居的各地大多处在中亚与南亚、西亚以及南欧、北非的交通枢纽，驿站和货栈遍布，通往四面八方。乌兹别克人在适应了农业定居生活后，又积极加入了古代丝绸之路上的频繁商贸活动，并且很快在应酬八方来客和不远千里易货的商业活动中体现出了乌兹别克人的商业精明。到19、20世纪时，乌兹别克人的经商能力不仅已经被中亚各民族认可，而且精于计算的商业头脑让乌兹别克人"丝绸之路上犹太人"的名声传遍欧亚非大陆。

由于中亚河中地区（阿姆河、锡尔河流域）与中国新疆毗邻，乌兹别克人很早就开始从中亚向新疆迁徙。乌兹别克古代长诗《亚迪卡尔》就记述了14世纪、15世纪乌兹别克人有组织迁居新疆的历史。蒙古汗国统治中亚时，金帐汗国的乌兹别克人沿"丝绸之路"经新疆到中原经商。

从16世纪至17世纪,乌兹别克商队以新疆叶尔羌为中转地,经营丝绸、茶叶、瓷器、皮张、大黄和各种土特产。有的还转道经阿克苏、吐鲁番至肃州(今甘肃酒泉),将货物转销到中国内地。从这时开始,一些来自中亚的乌兹别克人为了经商开始居留在新疆一些城市,而且人数逐年增多。18世纪中叶清朝政府平定准噶尔叛乱后,与浩罕汗国建立了外交关系,南北疆各地都有乌兹别克人迁来定居。在新疆历史上,乌兹别克族的商业活动对促进新疆与中亚地区的经贸关系和文化交流作出了重要贡献。直到20世纪初,仍不断有浩罕汗国安集延城的乌兹别克人迁居新疆,这些人中除商人外,还有农民、手工业者和知识分子。这时,新疆各族民众对来自中亚的乌兹别克人的称呼大都冠以地名,如撒马尔罕人、浩罕人、布哈拉人、希瓦人、安集延人等。这是明、清两代对中亚各地乌兹别克人的习惯性区分。由于来到新疆经商的乌兹别克人大多来自安集延,所以新疆本地各族民众普遍称这些乌兹别克人为"安集延人"。1924—1936年,苏维埃俄国为建立苏维埃社会主义共和国联盟(苏联)开始进行民族识别和民族区划,乌兹别克族被正式确定下来。这时中国新疆当局借用了苏联的民族识别方法和名称,一改清朝和民国时期将所有信奉伊斯兰教民族统称为"回"的做法,将来自中亚定居新疆多年的乌兹别克人定名为"乌孜别克"以与中亚乌兹别克相区别,1958年这一民族名称被正式确定下来。

乌兹别克斯坦自然资源丰富,是独联体中经济实力较强的国家，经济实力次于俄罗斯、乌克兰、哈萨克斯坦。国民经济支柱产业是"四金"：黄金、"白金"（棉花）、"黑金"（石油）、"蓝金"（天然气）。除资源丰富外，工业水平也是中亚国家中最发达的。乌兹别克斯坦具有汽车生产能力，在独立后曾与韩国"大宇"公司合资生产小型汽车，产品销往独联体各国。2007年美国通用汽车公司并购了韩国"大宇"，将乌兹别克斯坦原与"大宇"合资的企业改组，继续面向独联体市场生产小型汽车，2008年产量达20万辆。但乌兹别克斯坦经济结构比较单一，加工工业较为落后，农业、畜牧业和采矿业发达，独立前棉花产量占全苏的三分之二，生丝产量占全苏的49%，洋麻产量占全苏的90%以上。轻工业不发达，60%的日用品依靠其他共和国提供。矿产资源丰富，现探明有近100种矿产品，矿产资源储量总价值约3.5万亿美元。主要有天然气、煤炭、石油、有色金属、黄金、铜、铅、锌和稀有金属等，黄金储量居世界第四位，年开采量80吨左右，在独联体居第二位。铜和钨的储量在独联体国家中均居前列，石油和白银、白金、锌、铝矾土等金属矿藏也非常丰富。独立前铀开采量占全苏联的25%。煤储量为20亿吨，铀储量约占世界第7、8位。天然气资源主要分布在卡拉库盆地东北部边缘的查尔米和布哈拉台阶地区，其中最大的加兹里气田储量达4193立方米。石油资源多集中在东部天山褶皱带的费尔干纳盆地，已探明储量为5.84亿吨。天然气的产量仅次于土库曼斯坦，在中亚居第二位、独联体第三位，年产气量在

300亿立方米以上。

由于地处欧亚大陆的中心位置，乌兹别克斯坦是中亚地区的交通枢纽。同时，乌兹别克斯坦还是世界上两个"双内陆国家"之一（即不仅本国无海岸线，而且周边邻国也全部是内陆国家，另一个"双内陆国家"是列支敦士登），解决交通问题对国民经济发展至关重要。由俄罗斯莫斯科经萨拉托夫至安集延的中亚大铁路到塔什干形成了一个重要的铁路交通中心，继续向东可达塔吉克斯坦的北部城市胡詹德，向西能通到土库曼斯坦首都阿什哈巴德，向东北能直达哈萨克斯坦东部重镇阿拉木图，向南经过铁尔梅兹海拉通大桥可与阿富汗马扎里沙里夫连接。乌兹别克铁路总长度超过6400公里，4230公里正在使用中，其中932.7公里（约22%）为电气化道路。2011年9月，乌兹别克斯坦开通了首都塔什干至第二大城市撒马尔罕之间的高速铁路，这条全长约360公里的高铁是中亚地区首条高速铁路。高速列车采购资金由乌兹别克斯坦国家铁路公司自有资金和乌兹别克斯坦复兴发展基金贷款分摊融资，乌兹别克斯坦国家铁路公司还将完成总金额1亿美元的相关基础设施建设工程。这条铁路已正常运营3年多，乌兹别克斯坦国家铁路公司计划未来将其向西南延伸至布哈拉、希瓦等重要旅游城市。乌兹别克斯坦在苏联时期即享有"中亚航空港"之美称，而且是中亚地区唯一能生产飞机的国家。除国内连接各州的航线外，与中国、日本、韩国、土耳其、沙特阿拉伯、欧洲、美国及独联体大部分国家均有定期航班。乌兹别克斯坦国内有塔什干、撒马尔罕、纳沃伊、乌尔根奇、努库斯、铁尔梅兹等12个机场，其中最大的是塔什干机场。乌兹别克斯坦航空公司的班机可以直飞美国、日本、俄罗斯、德国、中国等30多个国家和地区。中国南方航空公司在塔什干设有代表处，并已开通北京—塔什干、乌鲁木齐—塔什干的班机。乌兹别克斯坦有中亚地区最密集的公路交通网，公路总里程有18.4万公里，其中4.25万公里为公用干线公路，包括3200公里的国际公路。乌兹别克斯坦公路整体老化严重，配套设施严重不足，现有路段和基础设施基本都是苏联时期建成的，建国23年来多数没有更新过。2010年12月，卡里莫夫总统签署《关于2011—2015年加快发展交通运输基础设施建设的决议》，计划2015年底前完成2306公里公路的维修和新建任务，包括1410公里四车道公路和288公里双车道公路，以及1910延米的桥梁改造和建设。现在乌兹别克斯坦境内东西走向公路有昆格勒—努库斯—布哈拉—纳沃伊—撒马尔罕—吉扎克—塔什干的干线，依托此干线向北可至哈萨克斯坦的阿拉木图，向东可达吉尔吉斯斯坦的比什凯克等地；南北走向的有塔什干—吉扎克—撒马尔罕—卡尔西—古扎尔—铁尔梅兹的干线，沿此干线继续向北可到哈萨克斯坦的阿拉木图和阿斯塔纳，向南可进入阿富汗的马扎里沙里夫。

冷战结束后，中国与乌兹别克斯坦的双边关系进入了新的历史阶段。这个与中国没有共同边界的中亚国家，却是中国西部周边的重要友好国家之一。1991年底，苏联宣布解体。12月8日，乌兹别克斯坦公布了共和国第一部宪法。1992年1月2日，中国即宣布与乌兹别克斯坦共和国建立正式外交关系。3月12日，乌兹别克斯坦总统卡里莫夫应当时中国国家主席杨尚昆的邀请对华进行了国事访问。1994年4月18日，应乌兹别克斯坦总统卡里莫夫邀请，时任中国国务院总理李鹏对乌兹别克斯坦进行了正式访问。10月24日，应当时中国国家主席江泽民的邀请，乌兹别克斯坦总统卡里莫夫对中国再次进行了国事访问。1996年7月2日，应乌兹别克斯坦总统卡里莫夫的邀请，中国国家主席江泽民偕夫人王冶平对乌兹别克斯坦进行了国事访问。2010年6月9日，时任中国国家主席胡锦涛出席在塔什干举行的上合组织成员国元首理事会第十次会议并对乌进行国事访问，与乌兹别克斯坦总统卡里莫夫举行小范围会谈，并签署《中乌关于全面深化和发展友好合作伙伴关系的联合声明》。2011年9月20日，时任中国人民代表大会常务委员会委员长吴邦国对乌兹别克斯坦进行正式友好访问。期间，分别同卡里莫夫总统、最高会议参议院主席萨比罗夫、最高会议立法院主席塔什穆哈梅多娃举行会见会谈，并在乌兹别克斯坦立法院发表题为《弘扬睦邻友好，实现共同发展》的演讲，受到了立法院代表们的热烈欢迎。

最近几年，中国与乌兹别克斯坦两国关系得到了快速而长足的发展。2012年6月5日，卡里莫夫总统访华并出席上合组织北京峰会，分别与当时的胡锦涛主席、温家宝总理、习近平副主席、李克强副总理举行了会谈和会见，并发表了《中乌关于建立战略伙伴关系的联合宣言》。中国与乌兹别克斯坦两国之间建立了战略伙伴关系，成为中乌双边关系史上具有里程碑意义的重大事件，大大促进了中国与乌兹别克斯坦之间各个领域的合作与友好交往。2013年9月，现任中国国家主席习近平对乌兹别克斯坦进行了正式访问，中乌关系达到了新的高潮。卡里莫夫总统破例到塔什干机场亲自迎接，而且已85岁高龄，不顾塔什干和撒马尔罕秋日的酷暑，全程陪同习近平主席在乌兹别克斯坦的所有访问活动，并高度评价了习近平主席对发展中乌关系的建议。习近平主席也对稳定、繁荣的乌兹别克斯坦高度赞赏，并对卡里莫夫总统对地区和平与发展作出的贡献予以极高评价。同年10月，中乌政府间合作委员会第二次会议在塔什干召开。以中国国务委员孟建柱为中方主席的代表团参加了这次会议，中乌有关各部门间的直接对话和磋商将中乌友好合作推向了更加务实的阶段。同年11月，李克强总理赴乌兹别克斯坦访问。在访问期间，会见了卡里莫夫总统和米尔季约耶夫总理，并分别举行了重要的会谈。2014年5月，卡里莫夫总统到中国参加第四届亚信峰会并与习近平主席会晤时，由衷表示对乌中战略伙伴关系升级发展的迫切期待，并对习近平主席提出构建丝绸之路经济带的倡议予以高度评价。同时，强调乌兹别克斯坦作为中亚地区重要国家和伟大丝绸之路上的重要地段，将为实现这一伟大的世纪构想作出应有贡献。随着经济区域一体化共识不断被欧亚各主要经济体所接受，随着中乌之间在战略伙伴关系基础上的睦邻友好合作继续加深，我们完全有理由相信，具有重要地缘优势的乌兹别克斯坦将在建设丝绸之路经济带的伟大事业中扮演重要角色。

8 阿富汗：丝绸之路上的重要枢纽

阿富汗扼守亚洲的中心地带，具有特殊的地理优势，丝绸之路通过阿富汗贯穿亚欧，这将使阿富汗获益良多。

2014年5月，时任阿富汗总统的哈米德·卡尔扎伊到中国上海参加亚洲相互协作与信任措施会议（简称亚信会议）时表示，习近平主席关于构建丝绸之路经济带的建议为中亚、南亚地区未来的发展带来了机遇，丝绸之路经济带建设将为阿富汗和中国深化与亚欧各国间的合作、繁荣经济开辟新的广阔空间。卡尔扎伊还强调说，"我们强烈支持中国政府提出的'丝绸之路经济带'建设的倡议，阿富汗将是未来经济带上的一个中心点，是一个重要的组成部分。阿富汗将获益良多，包括中国和阿富汗在内的整个区域都将获益"。

（1）"凿空"西域与蜀布

的确，阿富汗将在丝绸之路经济带建设中占据独特的重要位置，这是由这个内陆小国的地理条件、历史文化传统和当代发展需要所决定的。如果说中亚地区是未来丝绸之路经济带从中国通向亚欧地区及整个世界的第一站的话，那么阿富汗则是由中亚进入南亚和西亚的十字路口。

汉代张骞出使西域，第一次于公元前138年成行，经历了13年的艰苦行程，到公元前126年才得以返回长安。此行张骞到了大月氏人征服的大夏（巴克特里亚王国，统治今阿富汗境）。这一次"凿空西域"对东西交通史意义却是空前的，其中也包括了在阿富汗首次留下中国人的足迹。

在辗转西域十多年的时间里，张骞除了详细考察这里的山川大势和各民族风土人情外，还注意到了一个细节。他发现西域的市场上有蜀布出售，经了解得知是由中国西南经印度贩运至此。这引起了张骞的极大兴趣，他十分想搞清楚，除了他走出来的通西域之路外，是否还存在同样可以通达西域的"南线"。公元前119年张骞第二次出使西域到达大月氏首都蓝氏城（今天阿富汗的瓦齐拉巴德）时，特意分出一支队伍向南，逆向勘察经印度通西南中国的道路，但最终还是半途而废了。

到了唐代，中国人对阿富汗的了解更加详尽。公元627年，唐代高僧玄奘出玉门关经新疆进入中亚后，先是沿着张骞第一次西行返程的路线，翻越葱岭向南出铁门关，经今乌兹别克斯坦铁尔梅兹进入阿富汗北部昆都士，再经马扎里沙夫、巴米扬后翻越大雪山（兴都库什山），进入当时北印度境的滥波国（阿富汗东北的拉格曼省）和那揭罗喝国（阿富汗的贾拉拉巴德附近），直至公元628年秋到达至健陀罗国都城布路沙布罗（巴基斯坦白沙瓦市西北）。这只是中国历史上见诸文献记载的几个主要线索，就像张骞发现的蜀布所蕴含的未知故事一样，又曾有多少无名的探险者和行商，早已凭借各自的胆识和智慧，走出无数条经阿富汗通往南亚的路线。

(2) 缓冲区与边缘化

虽然历史上的阿富汗一直处在不同文明区域中间地带的重要位置，但到了近代，列强在中亚、南亚殖民历史的开始，使这个国家遭遇了一个长期被世界边缘化的命运。1747年，阿富汗摆脱莫卧儿帝国和波斯萨非王朝统治获得独立。为了捍卫独立的地位，此后阿富汗的民族精英们与英国殖民者继续了长达近两个世纪的斗争，发生了三次英阿战争（1838—1842年、1878—1880年、1919年）。

第一次英阿战争以阿富汗人民的胜利告终，英国方面不得不承认阿富汗独立。1884年，沙皇俄罗斯占领了阿什哈巴德（今土库曼斯坦的首都），标志着从18世纪下半叶开始对中亚地区的吞并接近了尾声。而对于英国殖民者而言，阿富汗是从中亚地区（沙俄控制区）通往印度的必经之地，控制住阿富汗是英国殖民当局挡住沙俄继续南进的重要步骤。而此时沙俄当局也在想方设法向阿富汗渗透，最终采取了与波斯结盟制约阿富汗的战略措施。

来自北方的俄罗斯帝国与来自南方的大英帝国（以英属印度为基地）这两支殖民势力针锋相对地在阿富汗相遇、对冲，但这时他们谁都没有能力将对方的势头打压下去，两国都担心对方趁自己在阿富汗力量虚弱时发起攻势，蚕食自己尚不巩固的殖民势力范围。于是，英俄双方经过讨价还价的谈判后达成妥协，于1887年划定了阿富汗西北部与沙俄中亚总督区的分界线——李奇微线。1893年又开始划分阿富汗与俄罗斯在帕米尔的分界线，直至1895年双方签署协定，以"杜兰线"把瓦汗地区作为缓冲地带划给阿富汗，借此将俄罗斯帝国的版图（今塔吉克斯坦）与英属印度（今巴基斯坦）隔离开。这种不顾当事国人民权利和民族文化分布的人为划分，给后来有关民族国家的发展进程带来了极大的麻烦甚至灾难。

第二次世界大战结束后，英属印度境内因伊斯兰教徒和印度教徒间的矛盾冲突加剧，1947年实行印巴分治。恰恰因为当年划定的"杜兰线"，使得作为阿富汗主体民族的普什图族人口被分割两地，而且留在巴基斯坦的普什图人反而比在阿富汗境内的还要多。在列强的势力范围争夺中，阿富汗被动地充当了缓冲区的角色，本不算恶劣的地理环境，却因地缘政治的关系将阿富汗的发展带入了困境。

进入20世纪后，阿富汗人民不仅没能从这种世纪困境中摆脱出来，反而因为冷战时期两大军事集团的霸权争夺越陷越深，大国支持下的政变一起接着一起，阴谋、政变、暗杀充斥着阿富汗上流社会。1979年，苏联出兵入侵阿富汗。10年后，在付出沉重代价后，不得不撤出11.5万人的常驻军队，但从此阿富汗进入了一种战乱的社会常态中。90年代的塔利班崛起，2001年的联合反恐战争，更使阿富汗国民经济和社会生活雪上加霜。

2001年底开始的阿富汗反恐战争早已结束，国际安全援助部队（ISAF）将全部撤离，但是阿富汗仍然没有摆脱受大国博弈影响的命运。2014年9月底，阿富汗与美国签署了《双边安全协定》。依据这个协定，美国军队将以特殊法律地位在阿富汗保持1.2万以上的驻军。对于国际安全援助部队撤出后的阿富汗安全形势，中亚各国也在纷纷制定各种相关的预案，有针对极端主义组织渗透的，有针对大量难民涌入的，也有针对毒品失控向中亚全境蔓延的。而早在阿富汗总统选举开始前的7月，俄罗斯国家媒体也报道了普京要求强力部门做好准备应对北约部队撤出后在阿富汗可能出现的突发事态。从已经过去的2014年中亚各国公布的资料来看，这种担心已被证实并非杞人忧天。

同时，阿富汗的毒品问题也愈加凸显，2014年种植面积预计达到22.4万公顷，为历史最高。毒品种植面积未减反增的事实，被联合国毒品与跨国犯罪专家认为是一种对国家安全和经济前景缺乏信心的"风险预期"行为。

(3) 孤岛与中间地带

一般中国人的意识中，大多认为阿富汗属于南亚地区，其实早在"中亚"作为一个学术概念被德国地理学家亚历山大·冯·洪堡（Alexander von Humboldt，1769—1859年）提出时，阿富汗就包含在所谓"大中亚"范围内。正是由于上述近代历史上沙俄与英国殖民势力范围的分割，加上后来苏联时期的历史，阿富汗在人们的观念中与今天独立的哈萨克斯坦、吉尔吉斯斯坦、乌兹别克斯坦、塔吉克斯坦和土库曼斯坦相对被分离开来，成为一个地缘政治上的孤岛。

阿富汗作为一个干旱、多山的内陆国家，自然地理特征和民族文化传统与中亚地区极为接近，而且大量跨界民族人口的存在使阿富汗与中亚各国的民间联系从来没有中断。阿富汗北部地区的兴都库什山脚下平原和阿姆河沿岸平原曾是与中亚费尔干纳盆地同时期发达起来的灌溉农业区，是人口最稠密的绿洲集中分布地。由于英俄争夺中南亚的历史，阿富汗没有经历斯拉夫化和社会主义民族国家的近代化过程；又由于阿富汗在18世纪中叶就摆脱了统治印度半岛的莫卧儿王朝取得独立，并在后来的历次反英战争中维护了自己的独立国家地位，也没有被大英帝国当作英联邦的一员，这就使阿富汗在两次世界大战和冷战时期成为了大国和大国集团博弈时的中间地带。军事实力的对峙和争夺、意识形态对抗和谍报暗战，造成了阿富汗多年的政治动荡和各民族悲剧的命运。

（4）"新丝路计划"与"丝路经济带"

其实与阿富汗面临的困境一样，地处欧亚腹地深处的整个中亚地区在苏联解体后都苦于解决区域一体化的问题。2005年8月，美国霍普金斯大学著名中亚问题专家、中亚与高加索研究所所长弗雷德里克·斯塔尔（Frederick Starr）在《外交》双月刊上发表题为"美国与大中亚：合作与发展伙伴关系计划"的文章,首次提出了所谓"大中亚计划",强调美国的战略目标是在大中亚地区推进涉及政治、经济与安全的机制性建设,而且是以阿富汗为中心,通过交通、能源等领域的合作,将阿富汗与中亚五国及印度、土耳其连接成一个地缘板块,以促进全地区稳定、发展和民主改造,从而遏制南亚极端主义的发展和滋生。

应该承认,斯塔尔作为美国为数不多的"严肃的中亚问题专家",他的建议是产生在中亚及阿富汗在冷战结束后面临的地缘政治大变革前提下的,他的观点包含了对中亚地区未来发展方向的前瞻因素。但是,这一计划从一出笼就带有着鲜明的冷战色彩,理所当然地受到俄罗斯及多数中亚国家的抵制。

习近平主席提出建设丝绸之路经济带的倡议后,阿富汗驻华大使穆罕默德·卡比尔·法拉希先生反复强调这样的观点:"阿富汗扼守亚洲的中心地带具有特殊的地理优势,丝绸之路也通过阿富汗贯穿亚欧,这对阿富汗来说非常有利。与此同时,中国和阿富汗的经贸往来也会得到加强,通过阿富汗这条经济带将延伸到伊朗、土耳其甚至到达欧洲。"

在2014年7月签署的"阿富汗问题伊斯坦布尔进程北京宣言"中有这样一段值得关注的文字:"我们确认,推动地区经济合作、交通互联互通、基础设施建设、贸易便利化和人员往来是伊斯坦布尔进程合作的重中之重。我们支持实施与这些重点相契合的项目,包括与'亚洲中心'地区国家、地区组织和其他机构现有多边项目和措施相补充的项目，促进与阿富汗基础设施的有效互联，加强和促进'亚洲中心'地区的经济互联、发展和融合，建设利益和命运共同体。"行文表述中虽然没有出现"丝绸之路经济带"的字样，但这是阿富汗和中亚地区所需要的真正"丝路精神"，是不包含冷战思维和地缘政治私利的新安全观和新发展观的体现，是有望引领阿富汗这个命运多舛的国度搭上全球化快车的重要选择。

9 如何看待亚投行的影响？

近70年来，世界上还没有因为一家多边银行的成立，引发如此巨大的热议与瞩目，亚投行以这种姿态呈现在人们眼前，确实超乎了人们想像。由于2015年3月31日被确定为申请成为其创始成员的最后日子，此前几天同样吸引全球眼光的博鳌亚洲论坛上，不少与会方政府官员利用这一机会，在最后时刻明确了成为亚投行创始成员的书面或口头申请，亚投行突然间成为全球瞩目的焦点。

金融是支撑实体经济的血脉，世界上第一家银行（或相当于银行的融资平台）的出现时间难有准确的考证，而现代融资手段与机制早已远远超出银行这一范围。但无论做如何设想和解读，亚投行的成立都可以回归于最古老银行作用本身，即顺应亚洲每年数以万亿美元计的基础设施投资需要，为各国和地区的陆海空网管通道建设提供融资，或者说得更宏观一点，通过对道路、桥梁、港口、机场、通讯设施、地下管线建设的投资，打通亚洲及至更远地区的公路、铁路、海路、空中和网线等通道，实现欧亚大陆的互联互通。

亚投行的成立及运行将是一种利及各方、善莫大焉的好事，它不会重循现有金融体系下一些多边银行如世界银行和国际货币基金组织的老路，而是按市场化、专业化、多边化方式展开，这已是基本抵定的共识，所以亚投行能得到有关方面的积极响应。然而，自从建立亚投行这个倡议提出后，不只有赞成者，也有疑虑者，更有非议者。疑虑者是可以理解的，一个新事物的出现，如果自己要参与其中，当然需要有充分的了解并与发起者磋商，以便使其运作尽可能符合本国利益，对本国民众也好有个交待。但非议甚至指责者一开始的立场就已严重走偏。怀疑被中国恶意利用或以所谓环保、不透明问题等作为口实攻击中国，只能加深人们对他们持有偏见的认识。因为该银行尚未运作，章程也尚未最后确定，把尚未出现的问题作为预设的负面假定而先行反对，就象歧视和指责一个尚未出世的孩子一样，只能说明个别国家陷入了一种基于虚狂主义视角的敌视。

当然，亚投行的影响是深远的，其影响超越或溢出一家银行的本身。从国际政治视角解读，亦有一些值得注意的方面。

首先，亚投行是一家由中国而非西方首先提出并主导的多边金融实体，不仅有发展中成员参与，也有西方发达国家参与，显示中国参与国际事务的角色与方式已有重要变化。基于布雷顿森林体系成立的现存国际金融体系，无论是全球性的，如世界银行、国际货币基金组织，还是地区性的，如亚洲、非洲、美洲开发银行，或者欧洲复兴开发银行和二战前成立的国际清算银行，几乎无一例外由美国所主导或者说美国在其中具有最重要的影响。而由中国发起的亚投行，可能是第一次有金融机构由一个非西方的、非发达国家的新兴市场国家主导，且创始成员涉及亚洲、欧洲、拉美、非洲和大洋洲的发达国家和发展中国家，其影响可能超过金砖国家新开发银行、上合组织银行等其他由新兴市场控制的金融机构。由于亚投行具有某种全球性金融机构的性质，中国国际影响力的上升也似乎突然以一种新姿态呈现于世。人们可能注意到，中国与世界的互动已实质性地告别了单方融入国际的单行道，而是由国际机构的参与者变成某一成员广泛的多边新机制的牵头共建者，由国际规则的接受者，变成规则制定的多方协调者，如果仍不完全是主导者的话。这既使有些国家怀疑现存体系受到冲击，甚至使美国自二战以来第一次感受到对一种成员广泛的功能性的多边体系失去控制或影响，也同时显示中国今非昔比的影响力，中国与外部世界进入双向互动阶段，而在这种互动中，中国也表明愿意自觉接受一种基于多边主义安排的规范与制约。

其次，亚投行的成立标志着以亚洲国家为主吸纳区域外国家自主建立一种新的地区甚至多边秩序的设想终于成为现实,为亚洲命运共同体建设奠了基。曾几何时,美洲、欧洲区域性政治、安全、经济一体化机制建设有声有色,而长期作为世界经济增长最具活力的亚洲难以真正自主办一件事。日本前首相鸠山曾经提出建立亚洲共同体,马来西亚前总理马哈蒂尔也曾经提出建立东亚经济集团等倡议,但区域外力量反对亚洲用"一个声音说话",这些提议均遭美国扼杀或横加干涉而被搅黄。今天的日本仍听命于美国,但亚洲国家基于国家利益考虑,已迈出自身决定自身命运、努力建设亚洲的重要一步。亚洲国家尽管社会制度、价值观、历史文化、国家大小及发展程度不一,呈现的是十分多元的不同国情,但服务于"一带一路"建设的亚投行,凝聚了亚洲国家一种难得的广泛共识,是共同推进一项有利于本国和本地区基础设施建设的系统工程,并将为习近平主席在博鳌亚洲论坛上发表主旨演讲时提出的在2020年建立亚洲命运共同体的愿景增加助力与合力。

第三,亚投行的成立,标志着在重大问题上美国盟友体系出现裂缝。这种状况并非中国因素使然,其实早有苗头,即使在纯粹的安全问题上也是如此。小布什政府首任时期的单边主义倾向及非黑即白的政策认知,就已在美国的盟国之间产生分歧。美国不能适应国际政治、经济力量变化,从而也不能面对现实做出相应政策调整,这才是出现此种状况的根本原因。一些国际媒体也认为,英国最早宣布加入亚投行,标志着美国的欧洲盟友体系崩溃,而韩国、澳大利亚的加入，则标志着美国的亚洲盟友体系的崩溃。对于此种观点，我们不必欢欣鼓舞，各国的政策行为导向，可能反映国际政治多元性的变化，但国际体系的根本变迁是漫长的。长期以来，亚太地区呈现经济与安全背离发展的态势，经济上，各国联系日益紧密，在安全问题上又存在相互对立的状态。这种背离，即经济上靠中国，安全上靠美国，并非一种精准的表述。因为在安全问题上，美国的盟友与美国也存在思维与行为上的距离，在经济上，日本与中国也仍有嫌隙。亚太经济合作本来越来越紧密，日本也不乏有识之士要求日本政府不要自行打断东亚地区越来越紧密的、日本自己也置身其中的产业链条。但日本政府更热衷与美国展开"跨太平洋伙伴关系协定"谈判，听命美国对与亚投行保持距离的敦促。美国的亚洲与欧洲盟友加入亚投行，尚不足以改变安全与经济的二元对立，但有助于促进各方的经济利益，增进政治互信，消解在重大安全问题上美国盟友与非盟友间长期竖立的藩篱，促进亚太地区的稳定与繁荣。

美国并非对任何国际事务都是"不可或缺"的，但美国作为世界超级大国，依然拥有广泛的全球影响力，也是现存国际秩序主导力量之一。多一点参与意识、合作意识，少一点疑虑、对抗，更有利于美国影响力的发挥。亚投行并非要与现存国际金融体系唱对台戏，而是可以形成一种合作互补关系。何况中国与主要大国在世界银行与国际货币基金组织等国际组织中有着良好的合作。中国自改革开放以来，一直努力将自己融入世界，广泛参与世界经济组织，接受现存的国际经济规范、规则，这助推了中国的崛起，中国也逐步成长壮大为世界第二大经济体。既然如此，中国没有必要挑战这种体系，而是要做一个负责任的大国，完善、刷新这种体系并添加新元素，使其适应世界快速变化的新现实，更为公正、透明、多元、民主。美国的亚欧盟友加入亚投行，并不能被认定是在中美之间选边站的行为，中国只是这个机制中的一部分，何况中国欢迎美国加入亚投行。美国对亚投行的态度仍有可能改变，这并非一种难以想像的前景。

对建立亚投行的任何过分解读其实没有必要，它首先仍是一家立足于亚洲、影响会超越亚洲的基础设施投资银行。

10 审视亚投行的三个"坐标"

亚投行是近年来中国创建或提议的、具有地区或全球层面意义的四家新机构之一。其他三家机构包括金砖国家发起的新开发银行、应急储备安排以及拟议中的上合组织开发银行。其中，亚投行的时代特征、代表性、潜在影响力和之于中国的重大意义尤为突出。半年来，亚投行筹建工作紧锣密鼓展开，亚投行渐渐热起来，这与其中的中国因素密切相关，与中国发展带给世界的机遇密切相关。亚投行的基本定位也逐步清晰，这是一个由中国倡议、发展中国家主导、发达和发展中经济体平等参与的多边开发金融机构。从本质上讲，亚投行是中国提供的全球公共产品，是中国在其中拥有重大影响力的国际组织，是中国与世界关系深度发展的一个重要标志和里程碑，可从三大"坐标"的角度予以审视、解读。

一是"历史的坐标"。亚投行这一世界级的战略构想，正确把脉了世界与中国发展大势，将中国国势、国家形象带上历史新高度。1874年，时任直隶总督兼北洋大臣的李鸿章上奏《筹议海防折》，分析了中国所面临的前所未有的严峻形势："一国生事，诸国构煽，实为数千年未有之变局。"1895年，李与日本签订了《马关条约》，变局终致败局。120年后的今天，中国倡议亚投行，落地有声，应者云集，开拓了前所未有的新局面，历史的新旧坐标发生根本转变。这一回，变局带来的是好局、胜局。

亚投行如此受追捧或许令人始料未及，却不难理解，这是中国与世界关系历史性变化的必然结果。如果将中国比作一个"坐标原点"，中国历史及其现代化进程为"横坐标"，中国的国际观为"纵坐标"，那么中国在每一个时间段上如何看世界，就形成了中国与世界的对应"关系"。中国领跑世界达数千年之久，但现代化进程缓慢，中国对外部世界的认识、与世界的关系长期以来处于"坐标"的低位。到了近代，中国十分明显地落后于世界发展进程。1776年，英国的亚当·斯密就认识到了这种情况，他在《国富论》中写道："中国似乎长期处于静止状态。"垂垂老矣的大国！此后的百多年间，世界大体上就是这么看中国的。反过来，中国对世界的认识只是到了近代才发生突变，出现了一批"睁眼看世界"的人。中国人看世界看懂了一个道理：落后就要挨打。不夸张地说，这是新中国全力投入现代化建设的最强大的精神动力。

今天，中国又到了另一个要"睁眼看世界"的时段，但情况已与上次全然不同，全球化时代中国与世界联系日益深刻、广泛。一方面，外部世界继续深刻地影响着中国；另一方面，中国也正以其独特的发展模式影响国际体系转型的轨迹和方式，越来越深入地参与塑造国际规范和国际贸易、金融、安全、气候变化等领域国际制度的构建。中国人看世界又看出了另一个道理：秉持和平、发展、合作、共赢理念，与世界各国共同打造利益共同体、责任共同体和命运共同体，共同促进人类文明进步事业，这正是中国倡议亚投行的根本宗旨与理念所在。

二是"大国的坐标"。亚投行从构想到落实行动，充分体现了中国作为大国的责任与担当，中国运筹国际事务表现出了更大成熟度，融入、影响全球化进程迈入新阶段。改革开放30多年来，中国经济腾飞，作为发展中的大国在发展理念和路径上积累了许多经验；而自身经验的分享将有助其他发展中经济体的增长与繁荣，亚投行专注于基础设施建设，正是源于中国的成功发展经验。

大国应有大国作为。中国是大国，无论是过去的重重困难，还是今天的实力增长，内心始终是大国心态，不是马仔心态，这是一种气势，一种格局，更是一种道义的自信，没有这种气势、格局和道义，成不了大国。短短半年时间，亚投行受到了域内外的广泛追捧，轰动效应或许有所放大，但中国体会到了真正大国所具有的号召力、引导力：七国集团中分别有德国、法国、英国和意大利4国加入；二十国集团中有14个成员国加入；经合组织成员国（OECD）中21国加入；金砖五国全部加入；上合组织6个成员国全部加入。全球经济总量排名前十的国家中，除美、日外全部加入。值得一提的是，所有与中国有南海争端的国家都申请加入亚投行，其间的成功运作显示中国政治成熟度提高，并在亚洲事务的参与度上迈出重要一步。

根据2014年签署的筹建亚投行备忘录，亚投行总部将设在北京。在股权分配上，亚投行将以GDP为基础，其中亚洲成员的股权占比可能达70%－75%，亚洲以外国家则分配剩余的25%－30%股权。这意味着中国成为亚投行第一大股东几成定局。作为第一大股东的地位不是特权，中国不会以老大自居，而是平等待人，遵守国际通行准则，尽量以达成一致的方式决策。

大国行事需择天下英才而用之。亚投行的筹建，聘用或咨询了国际货币基金组织、世界银行等机构的专家，目的就是要体现亚投行的专业、公开、透明和民主原则。以国际货币基金组织为例，它现有1500位具有博士学位的经济学者，1000位辅助人员；经济学者中的800人负责具体国家的经济研究，另外700人按功能划分，专责财政200

人，专责研究 200 人，专责金融市场 200 人，专责统计 100人。国际货币基金组织进行经济预测时一半使用模型，同时参考 800 位国别经济学者通过分析得出的预测结果，并将二者加总。亚投行不是一般意义上的"投行"，而是中国第一次以主导者身份与欧洲老牌工业强国建立关联利益的投资银行，兼具投资利益、全球金融治理、大国责任等多重功能，有无足够的人才担当重任是其成功的关键所在。这方面，国际货币基金组织的运作模式可为参照、标准。

三是"秩序的坐标"。中国通过亚投行展现了参与塑造国际金融秩序的意愿与能力，开始了从被动的全球化参与者向主动引领者的转变，这对中国及整个世界经济秩序的变化都有重要意义。

英国《金融时报》指出，亚投行或许会成为撬动二战后美国一家独大的国际金融治理结构的杠杆。美国前财长、哈佛大学教授萨默斯指出，亚投行的建立标志着美国失去了其"全球经济体系担保人"的地位。显然，西方习惯于把中国的一举一动都解读为对美国主导地位的挑战。当下，中国还处在自己的发展阶段和正常节奏上。从经济全球化的角度看，中国改革开放取得巨大经济成就的几十年，实际也是适应美国主导现存国际经济秩序的几十年。中美在现存秩序内合作共赢的基础实、条件好、机会多，两者绝非零和博弈关系。对中国而言，不存在积极打破甚至瓦解这个体系的迫切性。

然而也毋庸讳言，中国正在现有秩序中推动新秩序的建立，同时做好"另起炉灶"的准备，毕竟历史发展"奖励"改革、创新甚至适度的冒险，会给走在前面的国家巨大回报。新旧秩序变革、交替之际，寻找、抓住机遇最关键。这次亚投行成立的时机很好，拿捏到位。因为亚投行的成立不仅是金融经济问题，还涉及到国际政治博弈。现有国际经济体系中，一方面美国领导力减弱，欧洲陷入衰退甚至变成了债务国，可谓心有余而力不足；另一方面发达国家又不能纳贤和让步，如奥巴马就曾不止一次地宣称，美国"决不做老二"。这两个方面发生矛盾，自然促使其他国家"另立山头"。西方国家之间以及内部向来不是铁板一块。中国适时提出亚投行倡议，在国际上、学术界、智库中以及政治上都能站得住脚。开弓没有回头箭，未来站稳脚跟后，可考虑将相关机制用好、用足，如适时、适机倡议召开"亚投行首脑峰会"等，打造出新型且具特色的全球治理平台，做大影响力。

亚投行旨在建立一个真正的多国协商共治的全球性政策银行，特别是为全球金融改革、合作赋予新意与实质内容，这既需脚踏实地稳步推进，也要寻找突破口。作为多边开发金融机构，亚投行应坚持发展中国家主导和亚洲基础设施投融资平台的特色。与其他决策领域相比，基础设施政策受意识形态和特别利益集团的影响更小。当前，亚洲的可持续性发展仍然受到基础设施投资方面巨大缺口的制约，而亚洲国家从现有国际开发机构中获得的基建贷款很少。这方面，亚投行要利用自身的资本优势拿出自己的具体方案。

新手当走新路。从全球治理体系上看，亚投行应视作是联合国机制、国际金融治理体制的有益补充和完善。从其工作重点看，亚投行是对现有国际金融机构的直接、有益补充，并将激励多边开发机构完善制度设计和实现互利共赢。作为新手，亚投行应加强与现有多边开发机构合作，积极营造互补而非竞争关系，实现互利共赢。国际货币基金组织、世界银行和亚行等机构负责人都已表示出与亚投行加强合作的意愿。可以预见，亚投行未来在筹备、启动基础设施项目时会面临融资安排、投资回报率以及风险管控等多重挑战，与其他国际机构在提供技术支持和项目融资、治理结构、运营标准、投融资机制创新等方面有巨大的合作空间。

盛名之下，一些国家对亚投行的冷嘲热讽、质疑反对声音也会始终存在。中国复兴崛起要走的路还很长，周虽旧邦，其命维新。环视全球，中国融入世界的因素、阻力更为复杂，在赢得国际尊敬的同时，也在看到更多的摩擦、猜疑甚至挑衅。当前，亚投行正式成立前还有大量工作要做。良好的开端是成功的一半，中国需要认真做好后续工作，加大协调力度，继续调动各方合作意愿共谋发展。只有持之以恒，幸运的天平才会继续向亚投行倾斜。

11 亚投行与亚行等多边开发银行的竞合关系

1966年亚洲开发银行成立的时候，当时就有舆论怀疑，为什么在已有世界银行的情况下还要建立亚行。当时，日本认为亚行存在有三大逻辑基础：一是亚洲国家贫困落后，资金需求大，难以自足；二是世界银行等机构忽视亚洲国家利益，在亚洲的业务分布极不平衡；三是需要建立体现"亚洲特征"的开发金融机构。尤其是1959年泛美开发银行和1963年非洲开发银行的成立，使得亚洲地区开发金融机构的缺位显得尤为突出。亚行的成立得到世界银行主导方美国的大力支持，美国与日本成为亚行两个最大的出资国。

将近半个世纪过去了，当中国提出建立亚投行的时候，除了美国和日本，已经没有太多的国家质疑亚投行成立的必要性，英法等欧洲国家也积极申请成为亚投行创始成员国。因为创立亚行的三个重要目的至今仍然没有得到很好的完成，需要有亚投行这样的新机构与之形成良性的竞争。

首先，亚洲地区经济虽然得到发展，但贫富分化、非收入贫困突出。投资需求，尤其是基础设施投资需求仍然没有得到有效满足。亚行过于注重"输血"式的减贫，而忽视了加强经济基础设施等"造血"机能的建设。其次，世界银行等国际机构依旧没有给予亚洲等新兴经济体足够的重视，相关份额改革迟迟难以推进。美欧仍然把持主要国际经济机构的最高领导层，日本则"仿效"美欧坐稳了亚行行长职位。最后，亚行到底有没有体现亚洲特征，获得亚洲认同呢？亚行一度被认为是亚太地区多边主义发展的一个重要里程碑，但是目前亚行已经越来越成为美国推进亚太战略的政经工具。韩国媒体直接批评亚行是"日本在前，实则由美国主导的机制"，难以"充分考虑亚洲其他国家的利益"。这与美国支持成立亚行的初衷是一致的。1982年美国财政部关于参与亚行的报告指出，将通过亚行向亚洲具有政治和战略重要性的国家发放贷款，促进其经济稳定发展，进而推动实现美国作为"非共产主义世界"领导的外交战略目标。英国皇家国际事务研究所研究总监斯帕奇就日本外交政策的自主性提出质疑，指出既然英国在这场中美角力（是否加入亚投行）中做出了现实可行的判断，为何日本就不能独立于美国做出自己的判断呢？由于亚行背离了成立时的初衷，中国拒绝了美日关于在亚行内部设立中国主导的基础设施投资基金的提议。习近平主席在2014年亚信峰会上指出，"亚洲的事情归根结底要靠亚洲人民来办，亚洲的问题归根结底要靠亚洲人民来处理。"真正从亚洲需求出发的亚投行，作为"共享发展机会"的开发金融机构，"鲶鱼效应"将通过刺激现有多边开发银行的活力，推动这些机构回归本来的宗旨，更加关注经济发展，制定更加合理的贷款标准，减少过多僵化的

"附带条件"。

亚行成立的时候,美国欢迎日本作为"利益攸关方"积极填补国际金融机制的空白,而近五十年后的今天,面对中国主动承担国际责任的举措,面对体现中国智慧和担当的亚投行提议,美日却逆势而动,拒绝合作,形成鲜明反差,引发广泛的批评。实际上,美国担心的是中国削弱其对国际经济和金融体制的主导权,而体制和规则之争的背后是发展权之争。正如在现有的国际贸易体制下,中国体现一定优势,引发美国不满,继而推出所谓高标准的两洋经贸战略("跨太平洋伙伴关系协定"和"跨大西洋贸易与投资伙伴关系协定"),试图把中国等新兴经济体排除在外。"大凡物不得其平则鸣"。在现有的国际金融体制下,美国凭借美元的独特优势不断挤压中国等发展中国家的发展空间,中国则积极推动亚投行和金砖银行等机构,力图引导和完善现有国际金融规则和秩序改革,为人民币的国际化创造新的机会。

亚行和世界银行等多边开发银行存在各种缺陷不足,但仍应看到它们在扶贫等领域发挥了重要作用,有成熟的流程和经验丰富的管理人员,中国作为世界银行和亚行重要的股东国,在推进亚投行筹建和未来运作过程中,也会借鉴这些多边开发银行好的经验,同时也要吸取教训,提高成效。目前,世界银行、国际货币基金组织和亚行都表示了要与亚投行合作的意愿,已与亚投行临时秘书处建立了工作联系,将在知识共享、能力建设、人员交流和项目融资等方面开展合作。

在知识共享方面，多边开发银行一定意义上属于"知识银行"，它们不仅提供资金，更专注于分享发展经验。经过多年发展，中国在国内和国际开发领域积累了丰富的经验，可以向亚洲和其他地区推广。另一方面，作为借鉴、遵守国际规则的受益者，中国推广发展经验的路径也需要逐步与世界银行等机构的合理规范相融合。2014年11月，世界银行集团和国际货币基金组织联合非洲开发银行、亚洲开发银行、欧洲复兴开发银行、欧洲投资银行、美洲开发银行、伊斯兰开发银行发表关于基础设施问题的声明，强调实现基础设施投资振兴的关键障碍不是缺乏可用资金，而是缺乏足够的随时可实施的、银行愿意融资的项目，将推动多边开发银行采取协调行动，加强项目准备和监督，包括采用标准化的采购、环境和社会保障政策，同时实行相似的事前成本效益分析和项目"可执行性"评估要求等。而国际货币基金组织正在制定一套针对不同发展水平国家的加强公共投资管理实践的具体指南。亚投行不仅要根据实际情况，适当借鉴世界银行等机构关于基础设施建设的标准和流程，还要吸收亚行等机构的有益知识储备。亚行为提升与亚洲国家项目合作的成效，实行国别合作伙伴战略，通过亚行与各个发展中成员体共同制定中期发展战略和业务规划，使得亚行推进的国别项目与该国发展规划相一致。亚行的独立评估局还周期性地对国别合作伙伴战略和援助项目进行评估，动态调整。这方面的知识共享对于亚投行推进的基础设施建设具有重要意义。基础设施建设投资周期长，如果不能很好地配合相关国家的发展战略，可能会产生事倍功半的效果。

在能力建设方面，亚投行在治理结构、债务可持续性等方面可以与现有多边发展银行加强合作。亚投行主要致力于地区性基础设施建设，而亚行在其制定的"2020战略"中，也将基础设施作为未来长期战略重点业务部门。亚行除了加大道路交通、能源、通讯等基础设施硬件建设外，将更加关注与基础设施建设密切相关的软件方面的建设，包括帮助发展中成员加强基础设施管理的能力建设以及进行体制和机制改革。借鉴亚行在软件建设方面的长期经验，对提升亚投行投资项目的长远效益会有很大帮助。同时，亚行在加强与私人部门的合作伙伴关系，推动私人部门参与基础设施建设方面，也具备较强能力。亚行专门设立吸引私营企业和其他金融机构资本的机构，不仅投向基础设施领域，还面向私营部门放贷。亚投行是否要设立相应的部门，可根据实际情况决定。但是考虑到基础设施项目投资周期长，获得经济效益慢，要保证债务可持续性，还是要多渠道拓展收益来源。

在项目融资方面，自从2013年10月习近平主席首度提出亚投行的设想后，基础设施建设引起了包括世界银行在内的其他国际经济机构的高度关注，并推动这些机构进行积极的调整。2014年11月，在二十国集团（G20）领导人第九次峰会上，G20成立了全球基础设施中心，世界银行也成立全球基础设施基金（GIF）。亚投行应该抱着合作共赢的精神，与G20和世界银行密切合作，从项目融资入手，更有效地利用亚洲地区庞大的外汇储备，借此推动亚洲地区金融一体化，进而完善基础设施投资的长效合作机制。

亚投行与亚行等现有多边开发银行的竞争与合作，从目前来看是有序和良性的，有利于提升地区和国际公共产品的品质，推动亚洲地区基础设施建设。但亚投行的开放和包容与美国两洋经贸战略的封闭，体现了中美在引导世界经济未来发展中的不同思路，未来竞争面突出的可能性正在上升。中国需要在体制和规则之争中赢得先机，以求为中国未来发展争取新的机遇，在多极世界中做好一极。

12 美日旁观亚投行折射其对世界的认知

2015年4月15日，亚投行意向创始成员57国全部确定，但美日作为世界最大的两个发达国家却游离其外，仍保持"旁观"席位，根本原因在于其对世界的认知过于陈旧，难免做出战略误判。

首先，美日将亚投行与亚行对立起来，认为中国主导亚投行意在挑战"日美共治"的地区金融体制，折射出其对亚洲发展的历史和现实缺乏正确的认识。

世界金融危机后，西方七国集团（G7）难以应对世界经济和金融问题，包括新兴国家在内的二十国集团（G20）

已经成为国际政策协调的主要平台，发挥着积极的主导作用。国际金融体系也从以美国和G7为中心的体制转向新兴国家扮演重要一极的多极化方向。亚投行的设立堪称这种变化的历史性象征。

在此背景下，中国首倡亚投行，意在引领地区互联互通，共同完善发展环境，这是世界经济中心东移的自然反映，也是对世界经济发展潮流的顺应。从发展经济学角度看，基础设施的建设与完善是形成地区相互联系、构建人财物及信息交互流通、支持地区经济共同发展的基础条件。冷战结束后，随着亚洲各经济体相继走向市场经济道路，地区产业、贸易和投资得到大发展，推动亚洲成为世界性的生产基地和贸易集散中心。

而另一方面，地区道路、电力、电信等基础设施相对滞后，未能与经济发展同步成长，致使地区基础设施远未实现体系化、数字化和环保化，成为阻碍地区经济升级走向发达阶段的瓶颈。例如，东盟地区由于港口扩浚未能赶上地区贸易发展的速度，互联互通不畅，吞吐能力受限，港口货物积压"常态化"，制约着地区贸易的进一步发展。同时，由于亚洲的地理、地貌环境特殊，如海上东盟国家多呈岛屿散布、陆海相间特点，电力、电信和交通体系未能完善；而内陆地区，如巴基斯坦、阿富汗及中亚各国山脉纵横、沟壑林立，地势险要，更制约了现代基础设施的建设。特别是，亚洲地区多为发展中国家，资金不足、融资不畅，成为制约地区互联互通的主要原因。

据亚洲开发银行估计，在2010－2020年的10年里，亚洲地区要完善基础设施建设，就需要8万亿美元的资金，平均每年8000亿美元。如此巨额的资金，仅靠各国自身努力是非常困难的，客观需要地区各国相互融通、互助合作，共同突破发展瓶颈。问题是，作为地区唯一的开发金融公共机构，亚洲开发银行目前年度确认投融资额度仅为131亿美元，投融资余额累计843亿美元，其能力受到体制和历史的局限性制约，能支持的地区项目极为有限，无法满足地区发展的需要。

亚洲国家众多，山水相连，互联互通不可避免地会出现"边境"或"项目"间的"三不管地段"，如何解决这些"断链"和"脱节"问题，需要一个更具有广泛覆盖性的、专业的公共金融机构，通过专项支持解决地区"外部经济性问题"。正是基于地区共同发展动机，2013年中国国家主席习近平在印尼参加APEC会议期间倡议设立地区基础设施投资银行互助统筹，共同促进地区基础设施的互联互通。事实上，亚投行也是借鉴了美国国家基础设施银行的思路，重点任务设定于解决地区基础设施建设上的"外部经济"课题。由此看，亚投行的设立是对亚行体制的补充，而不是挑战，充其量只是在融资项目运行上会形成竞争机制，在竞争中实现融资效率化。显然，美日将亚投行与亚行对立起来，忽略了两者之间的竞争型互补，既忽视了亚洲发展的历史，也无视亚洲经济升级的现实需求。

其次，美国认为中国主导建设国际金融机构是对美元体制的挑战。其依据是在布雷顿森林体制下，国际货币基金组织、世界银行乃至亚行等国际金融机构共同构成了国际货币体制的支柱，而其主导权在美国。美国也正是利用对其的控制权，才掌握美元霸权。显然，这种思想反映了当今美国部分人，特别是国会对1971年布雷顿森林体制崩溃本质的认识不足，依然沉浸在"黄金美元汇兑制"的认知中，没有看到国际货币体制的发展，其对美元本身也缺乏与时俱进的认识。这也是美国国会将国际货币基金组织改革案束之高阁、久拖不决的原因所在。

从理论上看，国际货币体制由三个基本制度构成，即汇率的决定机制、国际流动性的供给机制和国际收支失衡的调整机制。在布雷顿森林体制中这三个制度分别有所表现。在汇率机制上，表现为以"黄金美元汇兑本位制"为基准的"固定汇率制"；在国际流动性的供给机制上，主要是靠美国进口商品，对外供给美钞的国际流动性；关于国际收支失衡的调整机制，美国基于战后最大的经常顺差国地位，英国等为赤字方的现实，主张"赤字方责任论"，即通过要求赤字方紧缩财金政策，减少进口，扩大出口，平衡收支。

1971年尼克松总统发表声明宣告黄金与美元脱钩，标志着布雷顿森林体制的黄金美元挂钩型"固定汇率制"这个台柱子倒塌，布雷顿森林体制由此崩溃。依据布雷顿森林协定建立的国际货币基金组织和世界银行不过是其辅助机构，并不是构成国际货币体制的制度，无法发挥"制度功能"。即便是后来的"特别提款权"（SDR），也因其规模太小，不足以发挥"国际流动性供给"的制度功能，而不具备"机制"属性。事实上，1971年以后，纽约金融市场扮演了"美元国际流动性供给"角色，形成了以市场为依托的"国际流动性供给制度"。由此，国际货币体制从布雷顿森林体制发展为美元体制。其"汇率机制"也因1973年西方国家执行"自由浮动汇率制"发生了根本性改变。而鉴于美国此时已表现出经常收支的赤字化结构，在"国际收支失衡的调整机制"上，美国不再主张"赤字方责任论"，而强调"顺差方责任论"，调整手段转为"汇率波动"，即通过要求顺差方"货币升值"实现失衡的调整。"美元主导的国际货币体制"因没有政府间协定的规定而被称为"无体制的体制"，即"市场化的体制"，其本质是美元体制。显然，无论是国际货币基金组织还是世界银行都不具备国际货币体制的制度属性。如此，亚投行即便与国际货币基金组织、世界银行、亚行发挥同等作用，也并不具备挑战现行国际货币体制的功能。而对于国际货币体制深层结构的历史蜕变，美国国会似乎一无所知，仍固守陈旧的认知。由于认知不足，对于亚投行，美国国内部分人"想多了"。

第三，美日都有人担心，亚投行的设立将促进本地储蓄转化为本地投资，进而对流向美日的资金形成"断流"，威胁其"资金循环体系"。他们认为，鉴于以纽约为中心、以美元为表现的"世界资金循环圈",是支持美元霸权的资金基础,亚洲则是世界资金源头之一,亚投行主导的"资金断流"或"截流"必将威胁美元、日元地位。尤其是,美国金融危机后,美日都在大搞量宽,央行吃进巨额国债,迟早要吐出,需要亚洲以丰富的资金接盘。亚投行支持亚洲搞基础设施建设,必将促进亚洲储蓄直接用于亚洲基础设施建设,接盘美日国债的资金必然减少,威胁其"退出战略",也必将侵蚀其"亚洲红利"。

显然,这种认识反映了美日当权者或智囊没有跟上时代的脚步,还在用旧脑筋看新世界。亚洲基础设施建设将开启巨量的潜在需求,对包括美日的经济构成支撑。而且,冷战结束后,亚洲经济大发展,亚洲储蓄丰厚,足以支撑世界资金循环。据亚行统计,2014年亚洲(不包括日本)发行的以本地货币计价的债券(包括国债和企业债)已超过8万亿美元。这意味着亚洲地区消化了8万亿美元的储蓄,而现实中这并未引起美日资金短缺,更谈不上"资金断流"或"截流"。相反,亚洲资金依旧大量流入美日股市、债市,支撑其高扬的行情。另一方面1997年东亚货币危机后,亚洲各国外汇储备增加,本地公共、民间资金充裕,这是冷战后亚洲走入市场经济、融入世界经济体系的结果。对此,美日保守势力置若罔闻,视而不见。

由此可见,美日在亚投行问题上的"旁观"与"例外"表现,折射出其对世界、亚洲发展的认知不足,是一种战略误判,在此之上形成的战略决策也必将是错误的。

13 欧洲加入亚投行的原因和影响探析

在亚投行的20个域外意向创始成员国中，欧洲国家占了绝对多数。自2015年3月12日英国公开表达加入意向后，欧洲多国一改之前的犹豫观望，到4月15日累计有德、法、意、荷、卢等17国成为意向创始成员国，近半欧盟国家加入其中。从加入时点看，如此多国家选择在截止日期（3月31日）前"冲刺加入"看似有集体狂热之嫌，但实际并非草率之举，而是经深思熟虑后做出的战略决策，反映出欧洲对世界秩序、现实利益和治理规则等重大问题的思考与判断。

首先，欧洲选择"拥抱"亚投行，是基于其对未来世界经济秩序演变趋势的战略判断，反映出其试图维持并巩固自身地位和影响的努力。在本轮金融危机推动下，当前世界经济格局正快速分化重组，发达世界中美、欧、日"三足鼎立"正演变为美"一枝独秀"；而在中、印等新兴大国带领下，世界经济版图"东升西降"的势头仍在继续，全球化正进入由新兴大国驱动的新阶段，并未因近年来新兴经济体群体性下滑而受挫。欧洲是当今世界多边主义秩序的重要倡议者和塑造者，面对愈加明显的世界经济多极化趋势和所谓的"经济权力东移"，欢迎大于排斥，愿意承担起改革和塑造未来世界秩序的责任。

对欧洲而言，其自身也面临重要关口。过去几十年欧洲一体化取得长足进展，形成了一个在经济实力上足以匹敌超级大国的欧洲联盟。借助七国集团（G7）、国际货币基金组织等国际治理机制和组织，欧洲事实上实现了与美国"共治"世界经济的局面。但金融危机以来，"美欧共治"模式的根基发生动摇。一方面是欧洲一体化面临不进则退、前功尽弃的重大风险。受困于欧债危机和自身结构性问题，欧洲经济的"病夫"形象凸显，欧盟内部成员国冲突不断，欧元区解体风险若隐若现，欧洲对世界经济的影响力日渐式微。为摆脱困境、避免被边缘化，内生动力不足的欧洲比以往任何时候都更加注重借助外力，尤其是借重中国崛起。另一方面，欧洲对当前由美国主导的国际经济治理体系的信心正在动摇。美国在危机中"自扫门前雪"、"落井下石"的做法令不少欧洲国家深感失望。美不但少有援手，而且美信用评级机构和智库学者对欧洲国家信用和欧元前景的持续唱衰成为欧债危机迁延不绝的重要诱因。作为战后国际经济、金融秩序的制定者之一，欧洲对美国不断逼迫其让渡在国际经济、金融体系中的代表权给新兴经济体，而美自身却始终保留在世界银行和国际货币基金组织中的一票否决权的做法深感不满。美欧联手启动的意在争夺国际经贸规则制定主导权的"跨大西洋贸易与投资伙伴关系协定"（TTIP）也囿于双方在投资争端解决机制、食品安全等方面根深蒂固的分歧，在欧洲民众高涨的抗议声中陷入停滞。欧洲正逐渐认识到，当前国际经济秩序已难以完全代表欧洲利益，欧洲必须加速构建美国之外的其他支点来支撑自身的影响力，拥有极大经济潜力和活力的亚洲无疑是最佳选择。近年来欧洲力推的全球自由贸易区战略中，亚洲国家往往成为其布局重点。面对亚投行提供的与亚洲国家深度合作的机会，欧洲各国的热情回应自然在情理之中。

其次，这也是欧洲基于现实经济利益的理性决定。经历金融危机和债务危机双重打击后，欧洲经济复苏之路荆棘遍布、风险交织。2013年欧元区经济增速虽实现触底反弹，但至今仍萎靡不振，在主要发达经济体中位居末席。通缩、需求疲软、企业减产、失业率高企形成恶性循环，超宽松货币政策也未能救欧洲经济于水火，结构性改革更是步履维艰。寻找新经济增长点、刺激投资和需求已成多数欧洲国家当前的首要目标。

在此背景下，亚投行的出现应时应景，符合欧洲国家多方面经济诉求。其一，提高资本收益，拉动投资需求。藏富于民的欧洲并不缺乏资金，但因经济环境低迷，投资回报率不高，私人资本活力未充分显现。而亚洲基础设施建设投资需求庞大，且优质项目多，可以提供良好的投资回报。其二，开拓出口市场，巩固产业优势。欧洲多国在基建相关产业方面优势明显，如德、法、意等国机械设备制造业发达，瑞典、挪威、芬兰等国信息通讯、环保产业研发拥有世界一流水平。加入亚投行将为欧洲众多拥有技术优势的企业打开机会窗口，提供与亚洲内部同行竞争的机会，避免缺席此轮亚洲基建大潮，丧失商业利益和产业优势地位。其三，拓展金融业务，巩固金融地位。英国、瑞士、卢森堡、荷兰等国金融实力雄厚，金融服务业在本国 GDP 中占很大比重。随亚投行融资需求扩大，其可凭创始成员国身份在争取债券发行等金融业务上占得先机。而亚投行也被看作是人民币国际化的重要平台。伦敦、法兰克福、巴黎、卢森堡、瑞士已开始离岸人民币清算中心争夺战，期望借助人民币国际化带来的机会增量进一步拓展金融版图。英国财政大臣奥斯本还希望借此增进中国对伦敦金融城的投资，巩固伦敦金融中心地位。其四，谋求更广阔的经济合作空间。亚投行是中国"一带一路"的重要工具，而"一带一路"的投资范围和领域更为广阔，蕴含投资机会更多。加入亚投行无疑可为今后参与其他"一带一路"项目赢得更多机会。亚洲是世界经济最具活力的地区，加入亚投行有利于欧洲国家深化欧亚经贸联系，分享亚洲发展红利，推动复苏进程。

诚然，政治与经济上的"有利可图"使得欧洲国家加入亚投行的脚步"根本停不下来"，但同时英、法、德等欧洲大国的加入对亚投行来说亦是"有利可图"。最为直观的影响便是欧洲国家加入亚投行所形成的巨大示范效应。自英国敲开亚投行大门后，一时间加入申请者蜂拥而至，短短半个多月时间内激增 30 个，极大提高了亚投行的代表性、多元化程度以及全球号召力。4 月 28 日，57 个意向创始成员国代表在最终名单确定后首次齐聚北京，共同商讨亚投行组织架构与章程，亚投行筹建将正式进入实质性博弈阶段，欧洲或在其中发挥重要影响。

这一阶段，欧洲之于亚投行可谓是"有予有取"。"予"的方面在于，欧洲的加盟，不但可以为亚投行带来一笔可观的资金支持，而且还将带来一系列的人才、智力和经验支持。亚投行虽使中国第一次在真正意义上成为一个多边国际机构的领导者，但中国仍显年轻且经验不足，这方面欧洲无疑更具发言权。在治理机制上，欧洲历来倡导"多边主义"，对多边合作与治理有着创造性的发散思维，拥有丰富的协调与谈判经验。对于如何治理国际机构，以及在多国间有效协调与沟通，欧洲可以为亚投行提供宝贵的经验支持。在项目运营上，欧洲对复杂投资项目的管理制度、符合国际标准的决策方式、项目投资回报预估等方面的经验对亚投行的业务开展来说也值得借鉴。

"取"的方面在于，欧洲或将对在亚投行的话语权提出更大诉求，为亚投行的运营打造"欧洲化"的标准，从而事实上争夺对亚投行事务的主导权。按照原有规划，亚投行中域内国家占据投票权75%的份额，域外国家只能占到25%。因此，即便中国已公开表示一票否决权对亚投行来说是伪命题，但作为发起国，同时经济体量又最大，中国获得实质性否决权的可能很大。但大量欧洲国家，特别是欧洲主要经济体的加入或将改变这一情况，要求提高域外国家所占份额的呼声已经出现，这可能将从根本上冲击到中国对亚投行的实际掌控能力。在亚投行的运营和规则制定上，欧洲的丰富经验虽有助于推进谈判，但也为欧洲在亚投行中塞入更多"私货"提供了优势,"喧宾夺主"的风险不容忽视。伦敦市长首席经济顾问李籁思的一段话或可表示欧洲的普遍诉求和雄心壮志:"世界经济的发展有四个主要驱动因素,包括软实力、地缘政治硬实力、经济和金融的驱动力以及政策制定机构的驱动力。英国须确保在亚投行这个新的政策制定机构占据有利地位,如同当年在国际货币基金组织和世界银行占据有利地位一样。"可以预计,在亚投行的运营规章和项目规则谈判中,欧洲各国必将不遗余力地贯彻落实其高水平的环保、社会、透明度等相关标准,塑造亚投行发展方向,力图获取对亚投行事务的主导影响。

14 做实亚投行应先解决的三个问题

亚投行筹建令人瞩目,4个月内召开四次谈判代表会议,57个国家成为该行创始成员国。根据该行网站披露,按照规划,亚投行有望于2015年6月底完成章程谈判,待各国批准后,或将于年底前运营。迄今为止,无论是从推进速度还是参与国家数量看,亚投行的筹建,或者说做大亚投行,都是一次值得称道的多国集体行动。单凭这一点,就要优于发轫之时的世界银行(28国)、美洲开发银行(20国)、亚洲开发银行(31国)、欧洲投资银行(6国)。然而,亚投行是一项长久的事业,要让57个(未来可能更多)国家的集体行动存续,使之做实、做出特色,或将是个微妙的长期命题。恰因为此，亚投行在正式运营之前先理清思路便至关重要。就当下而言，为了使亚投行走稳走远，至少要解决好三个问题。

首先，要践行以义为先的指导思想。多边开发机构帮助欠发达国家发展，是造福人类的大义。亚投行作为推动亚洲基础设施发展的开发性金融机构，必须首先明确真正帮助发展的指导思想。这既将指导亚投行未来该做什么、不做什么，又是亚投行存在的根本。

综观世界范围内的多边开发机构，在真正帮助发展中国家发展方面似乎总不能尽得要领。其根源在于"义"的指导思想出了问题。它们总是将提供发展支持与给这些国家开"发展药方"两者捆绑起来。具体到基建等投融资领域，则表现为单纯的用自由化、市场化、私有化等新自由主义的理念和方法来衡量投资价值，很少考虑发展中国家的具体情况和特点。多边开发机构总试图用西方的发展"模子"来塑造发展中国家，势必饱受指责，自身愿景难以落实。同时发展中国家不少真正有益于发展的好项目也得不到投资，零和博弈频发。

对亚投行而言，"义"必须不落新自由主义窠臼，要形成一整套兼容国际经验与亚洲实际，推动施援者和受援者利益融合，帮助亚洲发展中经济体实现基础设施的完善、升级、连通，进而带动亚洲地区整体向前进的理念和愿景。具体而言，就是要形成亚洲发展中国家易学、可用、习惯、高效的基础设施发展套路，使亚投行的资金真正用在利于这些国家发展的刀刃上，使贷款在基础设施项目上活起来，使对发展中国家基础设施融资的帮助延伸下去，帮助建立一套投资、运营、资金循环的机制，使亚投行的成功成为亚洲的成功。离开这一点，亚投行就会失去灵魂、"泯于众人"，吸引力也将大打折扣。

目前，亚投行57个意向创始成员国分处五大洲，既有域内国家（37国）又有域外国家（20国），有重要的出资国家，也有亟待发展基础设施的国家，各方对亚投行的期待不同、理念各异，这属自然。要使各国齐努力，做好沟通很重要。中国是世界上最大的发展中国家，对其他发展中国家的发展过程及特点比较了解；中国又是与世界银行等多边开发机构及相关发达国家开展发展合作最成功的国家之一，对开发合作的一般原则比较熟悉。这两者的结合，可以使中国30多年发展的总体经验和具体项目心得成为亚投行运作指导思想的范本。同时，中国将是亚投行最大出资国，也将有义务做好不同发展理念的沟通者、不同发展话语体系的翻译者、各成员国利益的协调者、集体行动的核心引领者，推动亚投行运营相关各方在利益共享的基础上践行以义为先。

其次，要提高专业性，谋定经营战略。亚洲基础设施建设市场广阔。据亚洲开发银行估计，2010—2020年间，亚洲发展中国家要维持现有增长水平，同时在基础设施领域达到世界平均水平，将至少需要8万亿美元投资。这既是亚投行发展的机遇，也是其挑战。根据亚投行初步设想，该行法定资本将达 1000 亿美元，初步认缴资本为 500 亿美元左右。单就资金需求与供给的悬殊程度而言，可供亚投行筹划、实施的投融资项目可观。然而另一方面，若亚投行不能进一步准确定位，细分市场，把好钢用在刀刃上，一则将面临广种薄收的风险，二则庞大体量或将挤出亚洲基建投资的其他参与者，尤其是发展中国家的自有资本，以及来自亚洲区域内外的私人资本，最终对亚洲发展中国家的发展不利。因此，在正式运营前找准细分市场，确定何以盈利和以何盈利是亚投行做实的关键。

  总体把握，亚投行找准盈利的细分市场宜做好三个方面工作。一是在亚洲整个区域，首先聚焦国家间基础设施建设互联互通项目，解决市场失灵难题。长期以来，亚洲国家之间的基础设施联通建设是短板，既是制约各国发展的瓶颈，也是区域经济合作水平不高的原因之一。这既是"修路博弈"、利润劣势导致的市场失灵，也是新自由主义经济发展理论无法解决的发展空白。亚投行似可由此入手，带动亚洲基础设施网络化，降低国际经济交往的交易成本，提升亚洲国家集群发展的规模效益。

  二是在国家层面，亚投行投融资项目宜把基础设施建设水平与一国所处的具体发展阶段和经济结构结合起来，使所投资的基建项目真正有利于降低这些国家经济发展和结构转型升级的交易成本。这需要亚投行以具体问题为导向，做足市场调研，摸清项目所在地最优企业规模、生产规模、市场范围、交易复杂程度及其风险种类，立足现状，做适合当地长远发展的项目，照顾到当地对这些基础设施的运营和维护能力。同时，亚投行也宜在项目选择上有所取舍，尽可能避免对私人投资的挤出效应。既不急功近利，与私人投资争夺难度低、回报高的基建项目融资；也需照顾银行自身盈利要求，长远运筹难度大、盈利预期低的项目，做亚洲基础设施建设的中坚力量。

三是处理好政府与市场的关系。政府参与力度大、市场化程度不高，这既是亚洲发展中国家的普遍特点，也是其他多边开发机构在新自由主义思想和华盛顿共识指导下搞市场原教旨主义发展援助所不能逾越的普遍障碍。然而，在发展中国家特有的发展阶段，政府推动发展的作用不可忽视，甚至是优势之一。因此，亚投行要超越既有多边开发机构，势必要重构适合亚洲区域基础设施建设的投融资评估分析体系和风险防范框架，将政府的角色和作用纳入视野，既要消化吸收国际通行的评估规则和套路，又要融入发展中国家特色。要实现这一点，需要做通亚投行内部各成员国和项目所在国两方面的工作。

最后，要发展并处理好与现有多边开发机构关系。在绝大多数领域，亚投行若能做大做强，也是站在这些机构肩膀上的结果。鉴此，亚投行宜秉持开放的态度与其他多边开发机构构建良性竞合关系。

一是辩证看待其他多边开发机构诉求，汲取其历史经验。例如，过去几十年西方各国政府在多边机构的谈判内容被要求长期保密。国际货币基金组织前外部关系董事托马斯·道森曾谑称,其职业生涯的前25年一直为协助各国部长们隐瞒事实真相而奔波。而现在各方却要求亚投行立刻实现高标准、透明化,并将其作为开展合作的前提。这一方面可视为既有多边机构要撤掉亚投行的发展之梯,另一方面,政策不透明导致不少项目遇阻也确是这些机构长期以来吞下的苦果,以及与亚投行开展合作的障碍。

二是积极与既有多边机构开展合作,扩大后发优势。目前亚投行仍处在筹建阶段,必然缺乏运营、管理经验。即使未来开始正式运作,要形成亚投行独特的经营套路和打法也需要长期积累。现有多边开发机构长期运营,积累了广泛而深入的经营网络、人脉关系、项目资源。在那些全球通行的基础性规则上,亚投行完全可以秉持拿来主义的开放态度,通过运营管理协调、沟通、交流,甚至在具体项目上开展合作,以积累相关经验。这既利于亚投行发挥后发优势实现跨越式成长,也使之有更多精力和空间形成自身特色。

三是理性对待良性竞争。在5月初亚洲开发银行年会上,亚行行长中尾武彦即表示亚行80%的项目与基建投资相关,未来增资也将大力发展基建项目。由此可见,亚投行作为多边开发领域的后来者,尽管极具特色和专业性,也将难免与既有机构竞争。这一方面需要亚投行理性对待竞争,并由此激发出创新动力。另一方面,既有全球性多边开发机构行为准则仍主要以发达国家和发展中国家划线,短期还难以改变。这也需要亚投行在不断发展的过程中摸索经验，并参与到全球多边开发机构新行为准则的制定之中。

15 亚投行筹建的背景如何？

21世纪特别是2008年国际金融危机爆发以来，世界经济格局发生巨大变化：发达国家受国际金融危机和债务危机拖累，经济发展驱动力不足；新兴经济体和发展中国家逐渐在世界经济舞台崭露头角，但近几年来也面临结构性调整压力大、国内政局不稳等多重考验。后金融危机时代，各国纷纷谋求寻找新经济增长点，加快复苏脚步，维护或争取相应的国际话语权。亚投行即是多方面国际环境影响下的产物。

第一，亚洲地区基础设施建设需求大与融资难并存。据亚洲开发银行的估计，2010—2020年间，32个亚洲发展中经济体要想维持现有经济增长水平，每年基础设施投资需求将达7300亿美元。其中，新增基础设施投资需求占比达68%，电力、道路、电信投资需求尤甚。但是，亚洲国家基础设施建设面临融资缺口。目前，世界银行、亚洲开发银行等现有多边开发银行在亚洲基础设施领域的年度投资规模仅为100—200亿美元，远不能满足当前及未来需求。同时，基础设施建设一般周期长，且很多项目短期内盈利有限，对私人资本吸引力度不够。亚洲发展中国家金融市场发展滞后，国内金融体系不健全，存在金融市场债务期限错配和金融结构错配等情况，也无法有效盘活区域内资金，并应用于基础设施建设融资。事实上，如亚投行多边临时秘书处秘书长金立群所言，亚洲地区并不缺乏资金，缺少的只是融资机制。亚洲地区是全球外汇储备集中地，东亚贸易国和西亚产油国都积累了巨额外汇储备。大部分亚洲国家储蓄率也较高，未来5年亚洲发展中国家剩余储蓄（储蓄与投资差额）还将显著上升。据社科院世界经济与政治研究所张明估算，亚洲国家目前具备约62万亿美元的私人资本。因此，亟需建立有效的基础设施多边融资平台与机制，促进亚洲地区高额资本存量转化为基础设施投资，填平基础设施建设需求的鸿沟。

第二，世界经济复苏缓慢，亟需新驱动力。后金融危机时代，世界经济深度调整，主要国家央行普遍实施宽松货币政策，向市场注入流动性，但资金大多在金融市场空转，并未从根本上解决经济复苏"发动机"问题。世界经济低增长、低通胀、低需求同高失业、高债务、高泡沫等风险交织，拖累复苏步伐。在这种背景下，亚洲基础设施建设与投资汇聚多方利益，成为刺激经济的较好选项。据国际货币基金组织测算，发展中国家基础设施建设投资的长期财政乘数是1.6，即投资1美元会产生1.6美元产出，远高于发达国家乘数水平。更何况南亚、东南亚多数发展中国家基础设施长期落后，已成经济发展瓶颈和政府施政重点。欧洲地区经济尚未摆脱债务危机影响，通缩压力大，失业率居高不下，内部增长活力不足。而基础设施建设与投资可发挥欧洲国家的传统优势，促进优势产业出口，获取投资收益，拉动经济增长，符合其当前切实利益。此外，国际油价低位盘桓，中国经济减速影响澳大利亚、巴西等国大宗商品出口市场，也使各资源国期望通过基础设施建设拉动出口需求，提升经济增速。

第三，国际金融治理结构与当前全球经济格局脱钩。布雷顿森林体系运转70余年间，代表发达国家利益的世界银行和国际货币基金组织一直主导国际金融治理。但21世纪以来，中国、印度等新兴经济体快速崛起，尤其在2008年应对全球金融危机中发挥重要作用，实际国际影响力与在国际金融治理体系中的地位严重不符。对此，世界银行2010年增资35亿美元，将新兴经济体和发展中国家整体投票权增加3.13个百分点至47%，但中国权重（4.42%）仍低于经济规模更小的日本（6.84%），美国也凭15.85%投票权重独获重大决议"一票否决权"。国际货币基金组织治理与份额改革方案也已出台，一旦通过，新兴市场和发展中国家份额将由39.5%上升到42.3%，并获得由欧洲发达国家让渡的2个执行董事会席位，中国将跃升为第三大份额国。然而，美国凭借其16.7%的投票权对该方案一票否决，国际货币基金组织治理与份额改革不得不搁浅。此外，在亚行内，美国和日本联手控制四分之一的投票权，远高于其他成员，一再搁置中国等新兴经济体的增资诉求。日本作为现存体制的受益者，对改革日本占绝对优势的亚行同样持消极态度。世界银行由美国人、国际货币基金组织由欧洲人、亚行由日本人分别担任一把手已成为不成文的规定。美国通过"一票否决权"拖延国际金融治理机构改革，企图维系霸主地位，不但使新兴经济体和发展中国家失望，也令牺牲更多短期利益的欧洲盟友不满。在改革迟滞局面下，新兴经济体成立新兴的多边经济开发机构，既可满足新兴经济体和发展中国家发展需要，又可达到对国际金融治理体系增量改革的目的。

第四，中国倡议的"一带一路"已扬帆起航。"一带一路"为区域大合作展现新蓝图，蕴含丰厚经济利益，得到沿线国家热捧。国家发改委、外交部、商务部2015年3月联合发布《推动共建丝绸之路经济带和21世纪海上丝绸之路的愿景与行动》，六大经济走廊建设也已渐次推进。"一带一路"构想宏伟、工程庞大，需八方纳贤、多方合力，撬动更多资金参与其建设中。因此，成立新的区域性多边融资机制既是对"一带一路"的有力推动，又将成为其他国家参与"一带一路"建设、分享其中红利的重要平台。

16　亚投行筹建历程如何？

提出筹建倡议。2013年10月2日，国家主席习近平在出访印尼时表示，"为促进本地区互联互通建设和经济一体化进程，中方倡议筹建亚洲基础设施投资银行，愿向包括东盟国家在内的本地区发展中国家基础设施建设提供资金支持。"10月9日，国务院总理李克强在文莱出席第16次中国—东盟（10+1）领导人会议时再次发出倡议，"考虑到本地区有些国家改善基础设施条件需要解决融资问题，在继续发挥好中国—东盟投资合作基金作用、提供专项贷款等基础上，中方倡议成立亚洲基础设施投资银行，主要考虑能为东盟及本地区的互联互通提供融资平台，以开放的方式，共同努力提升融资能力。"

开启筹建工作。自发出倡议以来，中方本着"公开、透明"的原则，以开放、包容的姿态，就筹建亚投行牵头进行了广泛的多、双边磋商，得到了各方积极响应。2014年10月24日，包括中国、印度、新加坡等在内21个亚洲国家的财长和授权代表在北京签订《筹建亚洲基础设施投资银行的政府间框架备忘录》，标志着这一中国倡议设立的亚洲区域新多边开发机构的筹建工作进入新阶段。这21国也成为首批意向创始成员。

2014年11月25日，亚洲重要的新兴经济体印尼宣布加入亚投行，使意向创始成员数量增至22个。之后的首席谈判代表会议中，进一步明确了接纳新意向创始成员的程序和规则，即2015年3月31日前，其他国家如认同备忘录内容，并经现有意向创始成员同意后，也可成为意向创始成员并参与亚投行谈判。之前未能申请加入的国家，今后仍可作为普通成员加入亚投行。

2015年3月12日，英国高调宣布申请加入亚投行，顿时引发地震和多米诺骨牌效应，吸引众多犹豫不决的经济体"报名"。特别是德国、法国、意大利等老牌发达工业国家和卢森堡、瑞士等金融强国跟进宣布加入，不断为亚投行"加码"，亚投行一时之间变得炙手可热。美国盟友韩国、澳大利亚在百般踌躇后于临近截止日宣布申请加入，在地缘政治中饱受争议的俄罗斯、伊朗、以色列等国也跻身意向创始成员行列。4月15日，中国财政部网站公布最后一批意向创始成员名单，57国构成的亚投行创始成员梯队最终集结完毕。

6月29日，澳大利亚、德国等50国于北京正式签署《亚洲基础设施投资银行协定》（以下简称《亚投行协定》）。科威特、马来西亚、菲律宾、泰国、丹麦、波兰和南非等7国尚未签署，但应在2015年12月31日之前完成签署。接下来，各意向创始成员将履行《亚投行协定》的国内立法机构审批程序。年底之前，至少有10个签署方批准且签署方初始认缴股本不少于认缴股本总额的50%，可确保《亚投行协定》如期生效，正式成立亚投行；其余签署方应在2016年12月31日前完成国内立法机构批准程序，才能成为亚投行创始成员。

筹建期间重要会议机制。在亚投行筹建过程中，共召开了五次首席谈判代表会议（见表1），最终就《亚投行协定》文本达成一致，并通过了《〈亚洲基础设施投资银行协定〉的报告》（记录了首席谈判代表会议上各方达成的《亚投行协定》相关、但又不适合放入协定的共同理解）。中国作为亚投行发起方和东道国，担任首席谈判代表会议的常设主席，承办会议的成员国担任当次会议的联合主席。报告规定,《亚投行协定》生效前,各意向创始成员继续以首席谈判代表会议为筹建亚投行的磋商机制;自《亚投行协定》生效之日起至各成员批准截止之日,将通过临时性安排为尚未成为成员的签署方继续参与银行治理提供机会。为筹建亚投行成立的多边临时秘书处负责起草保障政策等主要业务政策文件,从专业角度为章程谈判提供技术支持,并向首席谈判代表会议报告亚投行筹建进展情况。由曾任财政部副部长、世界银行执行董事及亚行副行长的金立群担任秘书长。

表1 筹建亚投行历次首席谈判代表会议基本情况

会议名称	时间	地点	参与国家数量	主要议题或成果
首次会议	2014.11.28	中国昆明	22个	着重讨论了首席谈判代表会议的议事规则和工作计划、多边临时秘书处的组建方案、工作程序等事项,并为正式启动亚投行章程谈判做准备。
第二次会议	2015.1.15-16	印度孟买	26个	对多边临时秘书处起草的《亚投行章程(草案)》进行了第一次审议。
第三次会议	2015.3.30-31	哈萨克斯坦阿拉木图	29个	就《亚投行章程(草案)》修订稿进行了深入和富有成效的讨论。

续表

会议名称	时间	地点	参与国家数量	主要议题或成果
第四次会议	2015.4.27–28	中国北京	55个	就《亚投行章程（草案）》修订稿进行了深入和富有成效的讨论，并取得显著进展。
第五次会议	2015.5.20–22	新加坡	57个	就《亚投行章程》文本达成一致，并商定将于2015年6月底在北京举行签署仪式。就亚投行有关环境与社会保障框架、采购等政策文件进行了讨论。

资料来源：中国财政部官网。

注：第四次会议中，孟加拉国和尼泊尔代表因故缺席；对于最终形成的《亚投行协定》，财政部关于五次会议的新闻稿中均称《亚投行章程》。

17 亚投行的基本治理规则及筹建现状如何？

宗旨与理念。亚投行定位为政府间性质的亚洲区域多边开发机构。《亚投行协定》明确亚投行的宗旨包括两个方面：一是通过在基础设施及其他生产性领域的投资，促进亚洲经济可持续发展、创造财富并改善基础设施互联互通；二是与其他多边和双边开发机构紧密合作，推进区域合作和伙伴关系，应对发展挑战。亚投行的核心理念是精干、廉洁、绿色，专业人员全球招聘，配备精兵良将，坚决杜绝机构臃肿的现象；对腐败实行零容忍度，建立相关制度规定防止腐败行为滋生；促进绿色经济和低碳经济的发展，实现人类和自然的和谐共处。

意向创始成员与成员资格。亚投行57个意向创始成员覆盖五大洲，包括亚洲国家34个，欧洲国家18个，大洋洲和非洲国家各2个，南美洲国家1个，意向创始成员国规模远超亚行（31个）。从当前国际治理机构成员加入情况来看，联合国安理会五大常任理事国除美国外全部加入；G7集团中有4个成员加入；G20集团中14个成员加入，超过半数；经合组织（OECD）中21个加入，近三分之二；金砖五国及上合组织六个成员全部加入，阵容"豪华"。全球经济总量排名前十的国家中，除美国、日本外全部加入，彰显亚投行的经济实力。随着亚投行热度增加，美国也一改之前的质疑与否定口吻，表示期待其主导的世界银行与亚投行合作。台湾虽然未能顺利成为意向创始成员，但台湾的行政、立法部门已达成共识，将继续争取成为亚投行普通会员。香港特别行政区亦派员作为中国政府代表团成员，参加了第四次、第五次首席谈判代表会议。亚投行成员资格向国际复兴开发银行和亚洲开发银行成员开放。不享有主权或无法对自身国际关系行为负责的申请方，应由对其国际关系行为负责的银行成员同意或代其向银行提出加入申请。

股本与投票权。亚投行意向创始成员有域内和域外之分，成员所属区域直接影响其出资份额。域内成员共37个，包括亚洲34国、大洋洲2国及俄罗斯，域外成员为20个。亚投行法定股本为1000亿美元，分为100万股。初始法定股本分为实缴股本和待缴股本，实缴股本的票面总价值为200亿美元，占20%。除被认定为欠发达国家的成员外，实缴股本应分5次缴清，每次缴纳20%。域内外成员出资比例为75∶25，主要以GDP（按60%市场汇率法和40%购买力平价法加权平均计算）为基本依据进行分配。截至2015年6月29日，亚投行总认缴股本为981.514亿美元，中国认缴额为297.804亿美元（占比30.34%），为第一大股东，印度、俄罗斯分列二、三位，德国则成为域外第一大股东。经理事会超级多数（下文有解释）同意后，亚投行可增加法定股本、增加某成员认缴股本及下调域内成员出资比例。但域内成员总股份不得低于70%，这是保持银行区域特性的重要表现。亚投行的总投票权由股份投票权、基本投票权和创始成员享有的创始成员投票权组成。其中，股份投票权等于各成员持有的亚投行股份数；基本投票权占总投票权12%，由全体成员（创始成员和今后加入的普通成员）平均分配；每个创始成员拥有600票创始成员投票权。目前，中国投票权占比26.06%，印度与俄罗斯分别为7.5%和5.92%。

业务运营。亚投行将按照稳健原则开展经营。业务分为普通业务和特别业务。其中，普通业务指亚投行普通股本（包括法定股本、授权募集的资金、贷款或担保收回的资金等）提供融资的业务；特别业务是指为服务于自身宗旨，以亚投行所接受的特别基金（须与银行宗旨和职能一致）开展的业务。亚投行可向任何成员或其机构、单位或行政部门，或在成员的领土上经营的任何实体或企业，以及参与本区域经济发展的国际或区域性机构或实体提供融资。向非成员提供援助须在符合银行宗旨与职能及银行成员利益的情况下，经理事会超级多数投票同意。亚投行开展业务的方式包括直接提供贷款、开展联合融资或参与贷款、进行股权投资、提供担保、提供特别基金支持及技术援助等。

治理结构。亚投行将设立理事会、董事会和管理层三层管理架构，并建立有效的监督机制，确保决策的高效、公开和透明。理事会为最高决策机构，并可根据亚投行章程授予董事会和管理层一定的权力。每个成员均应在理事会有自己的代表，并任命一名理事和一名副理事。理事会应在每次银行年会选举一名理事担任主席。董事会负责指导亚投行总体运营，在运行初期为非常驻，每年定期召开会议就重大政策进行决策，这一做法有别于当今多数多边机构，是在充分借鉴欧洲投资银行高效决策机制的基础上由各方共同商定的。董事会共有12名董事，其中域内9名，域外3名。董事会成员不得兼任理事会成员，任期两年，可连选连任。亚投行还将设立行之有效的监督机制以落实管理层的责任，并根据"公开、透明、择优"的程序选聘行长和高层管理人员。根据现有多边开发银行的通行做法，亚投行将在正式成立后召开理事会，任命首任行长。行长将从域内成员产生，任期5年，可连选连任一次。行长担任董事会主席，无投票权，仅在正反票数相等时拥有决定票；可参加理事会会议，但无投票权；不得兼任理事、董事或副理事、副董事。

决策机制。理事会采用简单多数、特别多数和超级多数原则进行决策。简单多数指投票权的半数以上；特别多数指理事人数占理事总人数半数以上、且所代表投票权不低于成员总投票权一半的多数通过；超级多数指理事人数占理事总人数三分之二以上、且所代表投票权不低于成员总投票权四分之三的多数通过。选举行长、增加资本金、修改协定、下调域内出资比例等重大事项均需采用超级多数原则决定，吸收新成员采用特别多数原则决定，其他无明确规定的事项均采用简单多数原则决定。董事会制定主要业务和财务政策、向行长下放政策及项目决定权需不低于总投票权的四分之三多数批准，其余无明确规定的事项均应由所投投票权的简单多数决定。

亚投行总部设在北京，可在其他地方设立机构或办公室。

后 记

"一带一路"倡议提出后，中国现代国际关系研究院成立"一带一路研究中心"专责相关研究工作。两年来，我们的研究不断深入，并形成一批有深度的研究成果，受到各方重视。在此基础上，我们尝试将这些研究成果进一步转化为问答形式，使之成为相关部门、行业、大中院校易掌握、好运用的参考书。

本书自 2015 年初酝酿，到 7 月成稿，历经半年。期间，国务院授权外交部、商务部、国家发展改革委联合发布《推动共建丝绸之路经济带和 21 世纪海上丝绸之路的愿景与行动》，各地区各部门正积极行动，对接"一带一路；我们的书稿也随之不断修订与完善。

本书编写期间，中国现代国际关系研究院副院长傅梦孜多次召集专题会议研究书稿编写工作，并带头参与写作。在院"一带一路研究中心"牵头下，世界经济研究所等 6 个研究机构的专家和学者参与编写。在此，对他们的付出表示感谢。他们是：世界经济研究所的张运成、赵宏图、倪建军、苑春强、梁建武、黄莺、徐飞彪、张茂荣、徐刚、司文、陈璐，海洋战略研究所的楼春豪、高阳，俄罗斯研究所的冯玉军、许涛，南亚东南亚及大洋洲研究所的胡仕

后 记

胜、张学刚，全球化研究中心的刘军红，经济安全研究中心的魏亮，还有院内专家周镜。世界经济研究所陈晴宜为本书的校对付出辛勤劳动。此外，我们对时事出版社编校人员的辛勤工作一并表示衷心谢意。

编　者

图书在版编目（CIP）数据

"一带一路"读本／中国现代国际关系研究院著．—北京：时事出版社，2018.2
ISBN 978-7-5195-0185-3

Ⅰ.①—… Ⅱ.①中… Ⅲ.①区域经济合作—国际合作—中国—问题解答 Ⅳ.①F125.5-44

中国版本图书馆CIP数据核字（2017）第316341号

出 版 发 行：时事出版社
地　　　址：北京市海淀区万寿寺甲2号
邮　　　编：100081
发 行 热 线：(010) 88547590　88547591
读者服务部：(010) 88547595
传　　　真：(010) 88547592
电 子 邮 箱：shishichubanshe@sina.com
网　　　址：www.shishishe.com
印　　　刷：北京朝阳印刷厂有限责任公司

开本：787×1092　1/16　印张：14.25　字数：140千字
2018年2月第1版　2018年2月第1次印刷
定价：50.00元

（如有印装质量问题，请与本社发行部联系调换）